"十二五"职业教育国家规划教材
经全国职业教育教材审定委员会审定

汽车电工电子技术与技能

第 2 版

主　编　段京华
副主编　朱永旭
参　编　吕　草　孙丽丽　李玉玉

本书是经全国职业教育教材审定委员会审定的"十二五"职业教育国家规划教材，是根据教育部最新公布的职业院校汽车类专业教学标准，在第1版的基础上修订而成的。

本书根据汽车专业岗位知识需求和工作过程，分为九个项目，每个项目由若干个任务组成，每个任务又分为相关知识和任务实施两个部分展开，做到了理论与实践并进。本书密切贴合汽车行业，紧紧围绕现代汽车电路的组成，以必需、够用为原则，主要内容包括操作安全与万用表的使用、基本电工元件介绍、电路基本知识、交流信号的测量、二极管及其运用、晶体管及其运用、锡焊基本知识、数字电路、电控基本知识。本书积极探索理论实践相结合的有效途径，以及与后续专业课的有效对接，为学生进一步的学习打下坚实的基础。

本书适合作为职业院校汽车运用与维修、汽车制造与维修专业教材，也可作为工程技术人员的参考资料。

为方便教学，本书配有电子课件，凡选用本书作为授课教材的教师均可登录 www.compedu.com 免费注册下载电子课件。编辑咨询电话：010-88379865。机工社汽车教材交流QQ群：220811574。

图书在版编目（CIP）数据

汽车电工电子技术与技能/段京华主编. —2版. —北京：机械工业出版社，2016.6（2023.6重印）

"十二五"职业教育国家规划教材

ISBN 978-7-111-53696-3

Ⅰ.①汽… Ⅱ.①段… Ⅲ.①汽车-电工技术-中等专业学校-教材②汽车-电子技术-中等专业学校-教材 Ⅳ.①U463.6

中国版本图书馆CIP数据核字（2016）第095590号

机械工业出版社（北京市百万庄大街22号 邮政编码100037）
策划编辑：曹新宇 责任编辑：曹新宇 崔利平 责任校对：张 薇
封面设计：张 静 责任印制：单爱军
北京虎彩文化传播有限公司印刷
2023年6月第2版第13次印刷
184mm×260mm·9.75印张·237千字
标准书号：ISBN 978-7-111-53696-3
定价：39.00元

凡购本书，如有缺页、倒页、脱页，由本社发行部调换

电话服务　　　　　　　　　　　　网络服务
服务咨询热线：010-88379833　　　机 工 官 网：www.cmpbook.com
读者购书热线：010-88379649　　　机 工 官 博：weibo.com/cmp1952
　　　　　　　　　　　　　　　　教育服务网：www.cmpedu.com
封面无防伪标均为盗版　　　　　　金 书 网：www.golden-book.com

前　言

本书是根据教育部的有关文件，由全国机械职业教育教学指导委员会和机械工业出版社联合组织编写的"十二五"职业教育国家规划教材，是在第1版的基础上修订而成的。

本书内容密切贴合汽车行业，以必需、够用为原则，根据岗位知识要求，对教学内容进行重组，对不同教学内容及课时进行了调整，突出课程的实用性，积极探索理论实践相结合的有效途径。

在本书的编写过程中，编者充分利用安徽省汽车工业学校汽车维修实训中心（省级实训基地）的教学资源，采用任务驱动、理论与实践一体化等行为导向教学模式，帮助教师开展现场教学、实验和实训教学，为日后学生职业综合能力的训练奠定基础。

本书根据汽车专业岗位知识需求和工作过程分为九个项目，每个项目由若干个任务组成，每个任务分为相关知识和任务实施两个部分展开，做到了理论与实践并进。"相关知识"部分介绍理论，既可以用作教师的讲课内容，也可以作为学生的学习参考；"任务实施"部分介绍需要完成的任务，详细地介绍每个步骤，让教师通过"做"，将知识、经验和能力传授给学生，让学生通过"做中学、学中做"，不断反复，直至掌握，使学生在每次任务完成之后都有成就感，以此提高学生的学习兴趣及解决实际问题的能力，让学生在实践中加深对理论知识的理解。

本书学时建议为60课时，教学场地为汽车电工电子实训场地。

本书由安徽省汽车工业学校段京华任主编，朱永旭任副主编。具体分工如下：项目一、项目三由段京华编写，项目七、项目八由吕草编写，项目二、项目五由孙丽丽编写，项目四、项目六由朱永旭编写，项目九由李玉玉编写。本书经全国职业教育教材审定委员会审定，评审专家对本书提出了宝贵的建议，在此对他们表示衷心的感谢！

在本书编写过程中，得到了安徽省汽车工业学校和江淮汽车股份有限公司的大力支持，在此谨致感谢。

由于编者的水平有限，对任务驱动和课堂与实践一体化教学法的认识不深，书中难免存在错误和不妥之处，恳请读者批评指正。

编　者

目　录

前言
项目一　操作安全与万用表的使用 ··· 1
　　任务一　操作安全 ·· 1
　　任务二　万用表的使用 ·· 6
项目二　基本电工元件介绍 ··· 11
　　任务一　电阻的认识与测量 ··· 11
　　任务二　电容的认识与测量 ··· 17
　　任务三　导线和插接器的认识 ··· 22
项目三　电路基本知识 ··· 27
　　任务一　电路的状态 ·· 27
　　任务二　电路基本物理量的测量 ··· 31
　　任务三　串并联电路的制作 ··· 38
　　任务四　基尔霍夫定律的验证 ··· 42
项目四　交流信号的测量 ··· 49
　　任务一　信号发生器的使用 ··· 49
　　任务二　示波器的使用 ·· 53
　　任务三　观察不同的电信号 ··· 62
项目五　二极管及其运用 ··· 68
　　任务一　二极管的测量 ·· 68
　　任务二　桥式整流电路的制作 ··· 76
项目六　晶体管及其运用 ··· 83
　　任务一　晶体管的认识与检测 ··· 83
　　任务二　放大电路的制作 ·· 88
　　任务三　开关电路的认识与检测 ··· 93
项目七　锡焊基本知识 ··· 98
　　任务一　认识锡焊与焊接元器件 ··· 98
　　任务二　放大电路实物制作 ··· 104
项目八　数字电路 ··· 109
　　任务一　简单逻辑门电路 ··· 109
　　任务二　组合逻辑电路 ·· 117
项目九　电控基本知识 ·· 125
　　任务一　汽车电控系统简介 ··· 125
　　任务二　冷却液温度传感器的认识与检测 ····································· 132
　　任务三　节气门电位计的认识与检测 ·· 136
　　任务四　继电器的认识与检测 ·· 140
　　任务五　执行机构的认识与检测 ·· 144
参考文献 ··· 150

项目一

操作安全与万用表的使用

本项目介绍了实验操作规程和操作安全;通过拆装蓄电池,使学生在实操的过程中了解操作规程的指导性和操作安全的重要性;通过介绍万用表的使用,使学生熟悉基本仪器的测量步骤,并建立严谨的测量和记录观念。

学习目标

学习本项目,使学生学会在实训过程中按照操作规程进行安全操作,熟悉数字万用表的结构并掌握其简单的测量步骤。

任务一　　操作安全

任务分析

汽车电工电子技术与技能是一门实际操作比较多的课程,与电的接触比较频繁。因此,在课程开始的时候,应说明在实训场地和工作中的操作安全知识,使学生树立严格的操作程序观念,确保操作安全。

教学目标

知识目标:了解操作规程及操作安全知识。
技能目标:学会在实训过程中按照操作规程进行操作并注意操作的安全性。
情感目标:建立"安全第一"的操作意识。

教学重点

熟悉任务实施项目的操作规程。

教学难点

时刻注意任务实施过程中的安全性。

[相关知识]

"汽车电工电子技术与技能"是汽车类专业的一门专业基础课。其任务主要是讲授电学的三个基础部分，即电工学、模拟电路、数字电路，在此基础上介绍与汽车相关的电学基础知识。通过本书的学习使学生建立起一个基本的电学构架，从而能够分析电路、独立制作简单电路，并为下一阶段学习汽车电气、汽车电控打下坚实的基础。通过有关汽车电路的系统学习，奠定持续发展的基础，使得学生在生产实践中能够发现问题、分析问题、解决问题，在建立强烈责任感的同时，具备很好的团队协作能力和沟通能力，为以后在工作岗位从事相关工作打下基础。

1. 操作规程

实训过程中，应该注意以下操作规程：

1）认真听老师的讲解，明确实训中的相关问题。

2）在进入指定实训位置后，首先要检查 220V 交流电源插座和有关开关的位置，检查实训所需的元器件、仪器、仪表和测试线等是否齐全和符合要求。

3）实训电路的组装和实训仪器的连线必须按要求进行，一般不允许随意改动。

4）在进行实训电路的调整测试前，必须首先调整好直流电源，使其极性和电压大小符合实验要求，才能接入实训电路。

5）实训过程要按步骤进行，同组人员应有分工，又有协作，不能一人包办。实训过程中遇到问题要共同研究，找出解决问题的正确方法并及时与指导老师沟通。

6）实训过程中应及时观察现象、分析所测的数据，判断是否合理，如有问题应及时查找原因。

7）实训结束后应首先切断电源，实训结果经指导老师确认后方可拆除实训电路。整理好仪器设备，清理好实训现场，方可离开实训场地。

2. 操作安全

电工电子实训安全包括人身安全和仪器设备安全。实训者必须具备一定的安全常识，遵守安全规则，才能避免发生人身伤害事故，防止损坏实训仪器设备。

（1）人身安全

1）实训前应搞清楚电源开关、熔断器、插座的位置，了解其正确的操作方法，并检查其是否安全可靠。

2）检查仪器设备的电源线、实训电路中有强电通过的连接线等有无良好的绝缘外套，其芯线不得裸露。

3）实训过程中一定要养成良好的操作习惯，先连接实训电路，待检查无误后方可接通电源，实训完毕后，先切断电源后拆实训电路。

4）实训时万一发生触电事故或其他异常现象，不要惊慌失措，应立即切断电源。当距离电源开关较远时，可使用绝缘器具将电源切断，使触电者立即脱离电源，并保护现场，报告指导老师检查事故原因。

（2）仪器设备安全

1）在使用仪器设备前，应先了解其性能和操作方法，按操作程序正确使用，切不可盲目操作。要树立爱护公物的良好习惯，实训中不得随意扳动、旋转仪器面板上的旋钮和开关，使用时不得用力过猛，不得乱动与本次实训无关的仪器和设备。

2）实训时注意力要集中，随时观察仪器及实训电路的工作情况，如有异常现象，应立即切断电源，待查明原因并排除故障后，方可重新通电。

3）仪器设备使用完毕后，将面板上各旋钮、开关置于合适的位置，并关掉电源。

[任务实施]

1. 器材准备

汽车一辆，套筒、活扳手。

2. 注意事项

1）保证人员的安全。
2）保证设备无损坏。
3）保持工作环境的整洁。
4）熟练掌握任务实施的基本流程。

3. 蓄电池的拆装和检测

1）将点火开关置于"断开"位置，打开发动机舱盖，如图1-1所示。

2）拆开蓄电池固定夹板和正、负极电缆固定夹，如图1-2、图1-3所示。

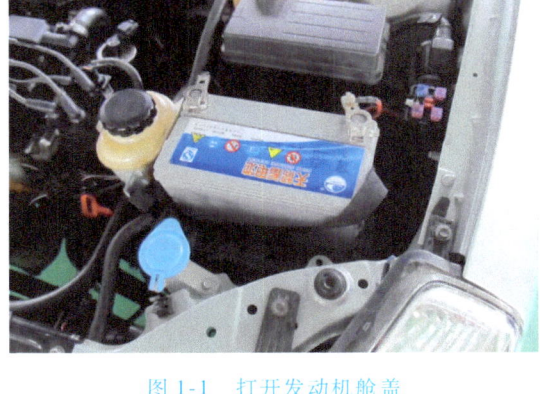

图1-1　打开发动机舱盖

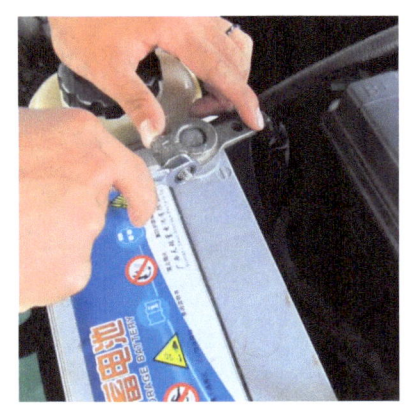

图1-2　拆开蓄电池负极电缆固定夹

图1-3　拆开蓄电池正极电缆固定夹

3）拧松蓄电池正、负极柱上的电缆接头紧固螺栓，取下电缆，如图1-4所示。

注意：拆卸蓄电池时，应先拆卸负极电缆，后拆卸正极电缆。否则，活扳手万一搭铁会导致蓄电池短路放电。

4）检查壳体上有无裂纹和电解液渗漏痕迹，检查电解液密度和液面高度是否符合技术要求，如图1-5所示。

5）判别蓄电池正、负极柱（一般红色为正极，黑色为负极或正极处标有"＋"，负极处标有"－"）和正、负电缆端子，确认安装位置，然后将蓄电池安放到固定架上。

6）将正、负电缆端子分别与正、负极柱连接，如图1-6、图1-7所示。

7）在正、负极柱及其电缆端子上，涂抹一层润滑脂，以防极柱和端子氧化腐蚀。

8）安装固定夹板，拧紧夹板紧固螺栓。

图1-4　拆卸后的正、负极电缆

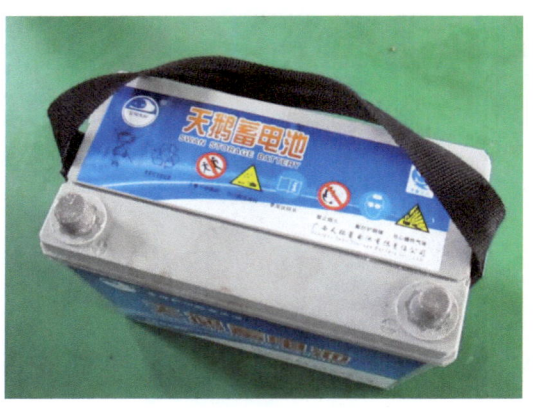

图1-5　观察蓄电池壳体

图1-6　安装蓄电池正极电缆固定夹

图1-7　安装蓄电池负极电缆固定夹

4. 任务报告

姓名：　　　　　　　　班级：　　　　　　　　组号：

项　目	操作要点及规范	完成情况	结果说明
1. 将点火开关置于"断开"位置		□是　□否	
2. 拆开蓄电池固定夹板和正、负极电缆固定夹		□是　□否	
3. 拆卸蓄电池正、负极	拆卸蓄电池时,应先拆卸负极电缆,后拆卸正极电缆	□是　□否	

项目一　操作安全与万用表的使用

(续)

项　　目	操作要点及规范	完 成 情 况	结 果 说 明
4. 外观检查	检查壳体上有无裂纹和电解液渗漏痕迹,检查电解液密度和液面高度是否符合技术要求	□是　□否	
5. 蓄电池安装	判别蓄电池正、负极柱和正、负电缆端子,确认安装位置,然后将蓄电池安放到固定架上	□是　□否	
6. 连接正、负极柱	将正、负电缆端子分别与正、负极柱连接	□是　□否	
7. 涂抹润滑脂	在正、负极柱及其电缆端子上,涂抹一层润滑脂,以防极柱和端子氧化腐蚀	□是　□否	
8. 固定蓄电池	安装固定夹板,拧紧夹板紧固螺栓	□是　□否	
在小组中你的任务是什么			
你遇到了什么困难？你怎样解决			
在本任务实施中需要注意哪些事项			
教师点评			
成绩		指导老师	

5. 学生作业评分表

开始时间：　　　　　结束时间：　　　　　学生姓名：　　　　　成绩：

序号	作业说明	配分	作业内容	评分标准	扣分	得分
1	穿戴个人防护用品及安全操作	10	正确穿戴个人防护用品	不按规定穿戴,每项扣1分,扣完为止		
		10	安全操作	出现安全事故扣10分(操作全过程中);严重者指导老师有权终止其操作		
2	蓄电池拆卸	5	将点火开关置于"断开"位置	没有操作或者操作错误扣5分		
		5	拆开蓄电池固定夹板和正、负极电缆固定夹	操作错误扣5分		
		10	拆卸蓄电池正、负极	操作错误扣5分		
3	蓄电池检查	10	检查壳体上有无裂纹和电解液渗漏痕迹,检查电解液密度和液面高度是否符合技术要求	没有检查壳体扣5分,没有检测电解液密度和高度各扣5分		

(续)

序号	作业说明	配分	作业内容	评分标准	扣分	得分
4	蓄电池安装	5	判别蓄电池正、负极柱和正、负电缆端子,确认安装位置,然后将蓄电池安放到固定架上	不能正确操作扣5分		
		10	将正、负电缆端子分别与正、负极柱连接	正、负极接错扣10分		
		5	在正、负极柱及其电缆端子上,涂抹一层润滑脂,以防极柱和端子氧化腐蚀	忘记涂抹润滑脂扣5分		
		10	安装固定夹板,拧紧夹板固紧螺栓	不能正确操作扣10分		
5	安全文明操作	10	5S①	不尊重指导老师扣4分;操作完毕后,不进行工位清洁、工具设备复位、废物统一收纳各扣2分,扣完为止		
6	时间限制	10		超时1min扣1分,超过10min终止操作并扣10分		
7	合计	100				

指导老师签名:　　　　　　　　　　　　　　　　　　　　　　　　　　　　　年　月　日

① 5S是指整理（SEIRI）、整顿（SEITON）、清扫（SEITO）、清洁（SEIKETSU）、素养（SHITSUKE）。

任务二　万用表的使用

任务分析

本任务通过对万用表的介绍,了解汽车电器基本的测量工具,认识万用表的结构,熟悉万用表的测量步骤。

教学目标

知识目标:认识万用表的基本结构,了解万用表的作用。
技能目标:熟悉万用表的操作,会使用万用表测量导线是否短路。
情感目标:树立严格的测量和记录观念,会定性地描述电气设备的状态。

教学重点

利用万用表严格地测量蓄电池和正确地读取结果。

教学难点

树立严格的测量和记录观念。

[相关知识]

1. 万用表的概述

万用表是一种多用途的测量工具,广泛地应用于汽车电气设备的检测中。万用表的用途主要有:测量直流电压、电流,测量交流电压、电流,测量电阻阻值,测量电容容量,判断导线是否短路,判别二极管极性以及晶体管的引脚等。某些汽车专用的万用表还可以测量温度、发动机转速等信息。

万用表根据其工作原理可以简单分为两类:一种使用电磁感应的原理,称为指针式万用表,其突出的特征是表头有一个摆动的指针;另一种称为数字万用表(DMM,Digital MultiMeter),被测量信号被转换成数字电压并被数字的前置放大器放大,然后由数字显示屏直接显示出来,这样就避免了在读数时视觉带来的偏差。旧式模拟仪表的基本精度约为5%~10%,现代便携式数字万用表则可以达到±0.025%。

2. 万用表的结构

(1) 表头 如图1-8所示,数字万用表的表头一般都是4位LED,三位可以显示0~9,首位只能显示0、1和-1三种状态。因此,数字万用表可以显示0.001~1999。显示负数一般是因为电流或电压的方向与规定的方向相反,应交换红、黑表笔的连接点。对于小于0.001的数,一般显示0;对于大于1999的数,则显示1,后面三位全部不显示。数据读取时,直接在表头上读取数值,之后注意加上单位。

(2) 功能按钮 专用万用表的功能按钮比较多,普通的数字万用表主要有以下几个功能按钮。

ON/OFF按钮:电源开关。

HOLD按钮:用于保持表头的数据。

(3) 功能旋钮 功能旋钮如图1-9所示,可手动转换以选择量程。

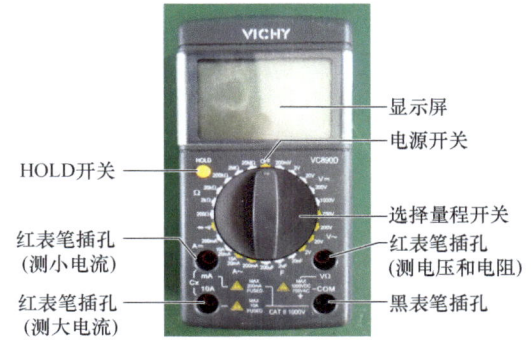

图1-8 数字万用表面板

图1-9 功能旋钮

(4) 表笔插孔 普通的数字万用表有3~4个表笔插孔。这里主要介绍3个表笔插孔。

1) COM孔:固定的黑表笔插孔,测电压和电流时认为是负极。

2) ΩVmA孔:测量电阻、电压和毫安级电流时的红表笔插孔,测电压和电流时认为是正极。

3) A孔:红表笔插孔用来测量安培级的电流。

对于4个表笔插孔的数字万用表,一般测量毫安电流时单独用一个插孔。

（5）其他插孔　对于某些数字万用表，除了具有基本的测量电压、电流和电阻的能力外，还可以测量电容器的容量、晶体管的引脚、温度、波形的占空比和频率等物理量，因此就需要单独的信号输入端，在后面项目中将陆续介绍。

3. 操作注意事项

使用前，应认真阅读使用说明书，熟悉电源开关、量程开关、插孔、特殊插孔的作用。

1）将ON/OFF开关置于ON位置，检查9V电池，如果电池电压不足，将显示在显示器上，这时则需要更换电池。如果显示器没有显示，则按以下步骤操作。

2）表笔插孔旁边的符号，表示输入电压或电流不应超过指示值，这是为了保护内部电路免受损伤。

3）测试之前，功能旋钮应置于所需要的量程上。

[任务实施]

1. 器材准备

数字万用表，导线。

2. 注意事项

1）保证人员的安全。
2）保证设备无损坏。
3）保持工作环境的整洁。
4）熟练掌握任务实施的基本流程。

3. 数字万用表的使用

1）观察数字万用表，数字万用表外形如图1-10所示。

2）插入表笔，红表笔插入"VΩ"插孔，如图1-11a所示，黑表笔插入"COM"插孔，如图1-11b所示。

图1-10　数字万用表外形

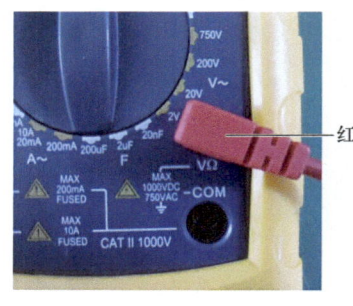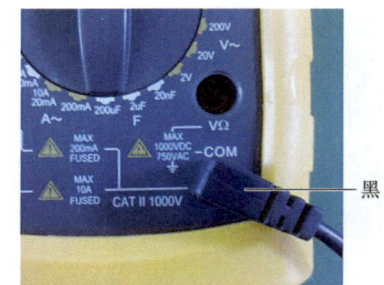

a) 红表笔插孔　　　　b) 黑表笔插孔

图1-11　插入红、黑表笔

3）选择档位，调节档位选择按钮，指向蜂鸣器档位，如图1-12中箭头所示。

4）打开电源，将红、黑表笔短接，如图1-13所示，仔细听蜂鸣器是否发出声音。

5）将红、黑表笔放置在待测导线两端，测量导线是否接通。

6）仪表复位。

项目一 操作安全与万用表的使用

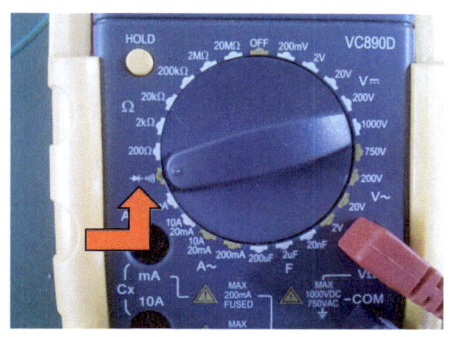

图 1-12 选择档位

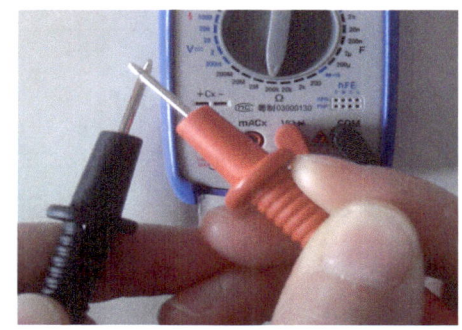

图 1-13 红、黑表笔短接示意图

4. 任务报告

姓名： 班级： 组号：

项　　目	操作要点及规范	完成情况	结果说明
1. 插入表笔	红表笔插入"VΩ"插孔，黑表笔插入"COM"插孔	□是　□否	
2. 选择档位	调节功能旋钮，指向蜂鸣器档位	□是　□否	
3. 测量短路现象	将红、黑表笔分别接在待测导线两端	□是　□否	
在小组中你的任务是什么			
你遇到了什么困难？你怎样解决			
在本任务实施中需要注意哪些事项			
教师点评			
成绩		指导老师	

5. 学生作业评分表

开始时间： 结束时间： 学生姓名： 成绩：

序号	作业说明	配分	作业内容	评分标准	扣分	得分
1	穿戴个人防护用品及安全操作	10	正确穿戴个人防护用品	不按规定穿戴，每项扣1分，扣完为止		
		10	安全操作	出现安全事故扣10分（操作全过程中）；严重者指导老师有权终止其操作		
2	插入表笔	20	插入表笔，红表笔插入"VΩ"插孔，黑表笔插入"COM"插孔	不能区分正、负极扣10分；不按要求操作扣10分		
3	选择档位	10	调节档位选择按钮，指向蜂鸣器档位	不能正确选择档位扣5分，动作粗暴扣5分		
4	蜂鸣器发声	20	红、黑表笔短接	不能正确操作扣15分，长时间短接放电扣5分		

9

(续)

序号	作业说明	配分	作业内容	评分标准	扣分	得分
5	测量导线是否断开	20	将红、黑表笔分别接在待测导线两端	操作不正确扣10分,不能正确判断导线是否断开扣10分		
6	安全文明操作	5	5S	不尊重指导老师扣4分;操作完毕后,不进行工位清洁、工具设备复位、废物统一收纳各扣2分,扣完为止		
7	时间限制	5		超时1min扣1分,超过5min终止操作并扣5分		
8	合计	100				

指导老师签名:　　　　　　　　　　　　　　　　　　　　　　　年　月　日

项目二

基本电工元件介绍

项目描述

电工元件是电路中基本的组成部分，也是汽车电路和汽车电气设备中重要的组成元件，掌握相关的基础知识可以更好地了解汽车电气和电控的知识。

在汽车检测中万用表是常用的检测工具，本项目着重介绍了使用万用表检测电工元件的方法。

学习目标

学习本项目，使学生能够正确地认识电工的基本元件，区分电阻、电容，判断导线的规格；熟练使用万用表判断电阻、电容的大小和好坏。

任务一　电阻的认识与测量

任务分析

水流在河道中流动，河道对水流有阻碍作用；同理，电流在导体中流动，导体对于电流存在阻碍作用。电阻元件就是限制电流流通的元件，在电路中有着广泛的应用。熟悉电阻的定义、大小，会使用万用表判断其好坏，是检测汽车电器必备的能力。

教学目标

知识目标：掌握电阻的种类、作用和表示方法。
技能目标：学会使用万用表测量电阻，并能正确读数。
情感目标：学会思考，勤于动手。

教学重点

使用万用表测量电阻。

教学难点

电阻值的识读。

[相关知识]

1. 电阻的概述

在物理学中,用电阻(Resistance)来表示导体对电流阻碍作用的大小。导体的电阻越大,表示导体对电流的阻碍作用越大。电阻是导体本身的一种性质,不同的导体电阻一般不同。

电阻元件的电阻值大小一般与温度有关,衡量电阻受温度影响大小的物理量是温度系数,其定义为温度每升高 1℃时电阻值发生变化的百分数。电阻的大小还受到形状和材料影响,截面积小,电阻大;长度越长,电阻越大;不同材料,导电性能也有所差异。这些影响因素是工程设计中许多传感器的基本原理。

电阻的主要物理特征是变电能为热能,也可说它是一个耗能元件,电流经过它就产生内能。电阻在电路中通常起分压、分流的作用,对信号来说,交流与直流信号都可以通过电阻。

电阻的文字符号为 R,图形符号为 ───▭─── 。

2. 电阻的单位

电阻的国际单位是欧姆,用符号 Ω 表示。常用的电阻单位还有千欧(kΩ)、兆欧(MΩ)等,它们的换算关系如下:

$$1\,k\Omega = 10^3\,\Omega$$
$$1\,M\Omega = 10^3\,k\Omega$$

3. 电阻的分类

电阻的种类繁多,按其阻值分为固定电阻和可变电阻;按其材料分为碳膜电阻、金属膜电阻、线绕电阻和光敏电阻等。

(1)碳膜电阻(RT) 如图 2-1 所示,碳膜电阻是利用碳膜做导电层,通过改变碳膜的长度与厚度而改变电阻的大小。一般碳膜电阻误差较大,成本较低。

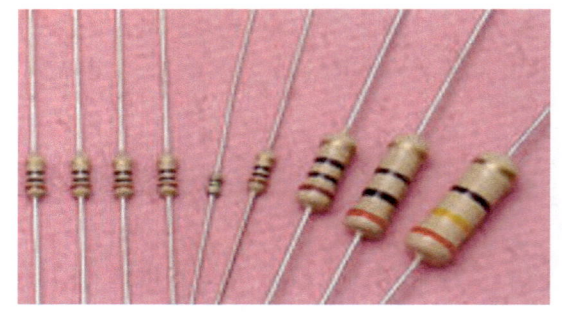

图 2-1 碳膜电阻

(2)金属膜电阻(RJ) 如图 2-2 所示,金属膜电阻是在真空中加热合金,合金蒸发,使瓷棒表面形成一层金属膜。相对于碳膜电阻,其体积小、噪声低、稳定性好,但成本稍高。

(3)氧化膜电阻(RY) 如图 2-3 所示,氧化膜电阻是用锑和锡等金属盐溶液喷雾到炽热(约 550℃)的陶瓷骨架表面上沉积而成的。它具有抗氧化、阻燃、导电膜均匀、结合牢固等优点,但阻值范围较小。

(4)金属线绕电阻 如图 2-4 所示,金属线绕电阻是用康铜或镍铬合金电阻丝在陶瓷骨架上绕制而成的。它分为可变和固定两种，其特点是工作稳定、耐热性能好、误差范围小，适用于大功率场合。额定功率一般为 1W 以上。

（5）光敏电阻（MG） 如图 2-5 所示，光敏电阻是在陶瓷基座上沉积一层硫化镉（CdS）膜制成的，由玻璃基片、光敏层和电极组成。光敏电阻随光的强弱而变化，无光时呈高阻，有光时呈低阻。

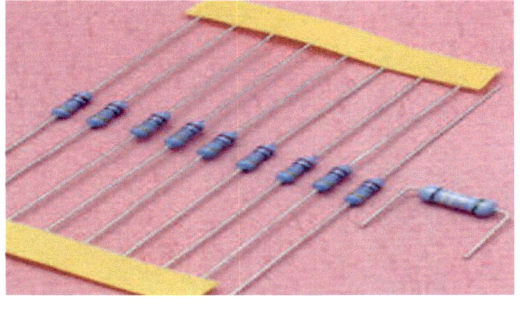

图 2-2 金属膜电阻

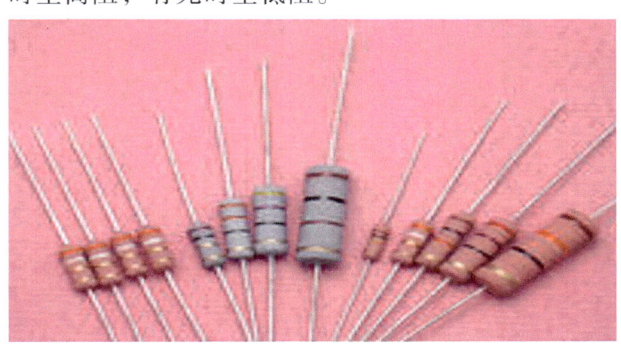

图 2-3 氧化膜电阻

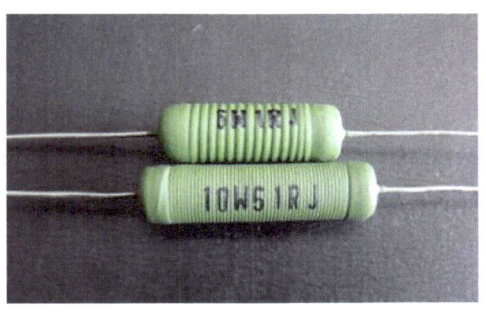

图 2-4 金属线绕电阻

（6）热敏电阻（NTC、PTC） 热敏电阻如图 2-6 所示。这种电阻随表面温度的变化而变化。它对温度灵敏度高，寿命长、体积小，结构简单，形状各异。

（7）压敏电阻 压敏电阻如图 2-7 所示。这种电阻在正常电压条件下电阻值极大，当外加电压达到某一临界值时，其阻值急剧减小。

（8）碳膜电位器 如图 2-8 所示，碳膜电位器是在马蹄形的纸胶板上涂上一层碳膜而制成的。它的阻值变化与中间触头的位置变化有关。

（9）线绕电位器 如图 2-9 所示，线绕电位器是用电阻丝在环状骨架上绕制而成的。它的特点是阻值范围小、功率较大。

图 2-5 光敏电阻

图 2-6 热敏电阻

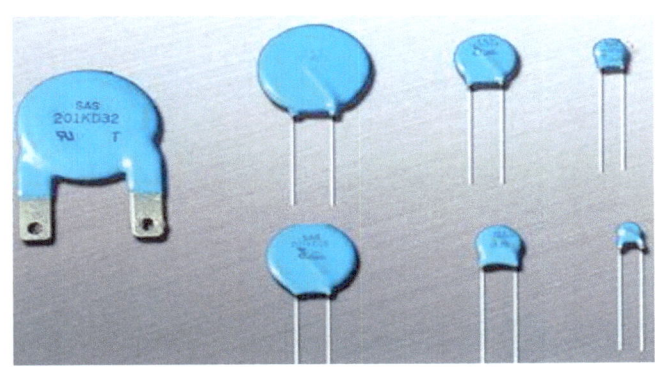

图 2-7 压敏电阻

图 2-8 碳膜电位器

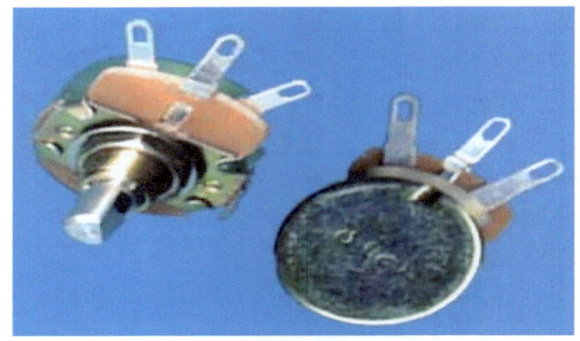

图 2-9 线绕电位器

[任务实施]

1. 器材准备

电阻，数字万用表。

2. 注意事项

1）保证人员安全，万用表无损坏。

2）保证电阻无损坏。

3）保证工作环境的整洁。

4）熟练掌握任务实施的操作规程。

3. 电阻的检测步骤

（1）打开万用表的电源　打开万用表的电源，观察表内电池的电量是否充足。

1）当表内电池的电量不充足时，显示屏显示"▭"。

2）当输入端开路时，显示屏显示"1"，如图 2-10 所示。

3）当输入端短路时，显示屏显示"00.0"，如图 2-11 所示。

（2）选择档位　根据电阻器的标值或色环选择测量的档位，如图 2-12 所示。例如，100Ω 的电阻则选择"200Ω"档，1500Ω 的电阻则选择"2kΩ"档。

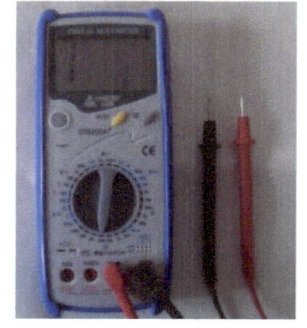

图 2-10 输入端开路时万用表显示结果

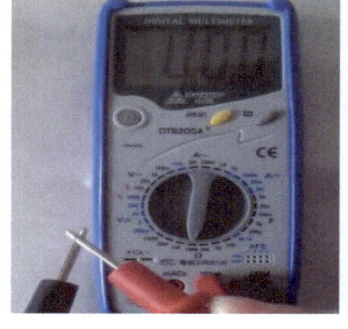

图 2-11 输入端短路时万用表显示结果

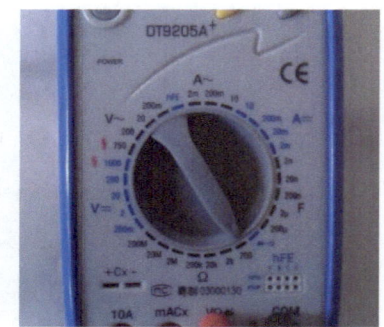

图 2-12 选择档位

（3）万用表表笔插孔选择　万用表的黑表笔插入"COM"插孔，红表笔插入"VΩ"插孔，如图 2-13 所示。

（4）测量并读数 如图 2-14 所示，将万用表表笔分别跨接在被测电阻引脚的两端，当显示屏上数值稳定后再读数。

1）当显示器显示 "1" 时，说明万用表电阻档量程选取不够大，须重新选择更高量程，如图 2-15 所示。

2）当显示器显示 "00.0" 时，说明万用表电阻档量程选取过大，须重新选择量程小的档位继续测量，如图 2-16 所示。

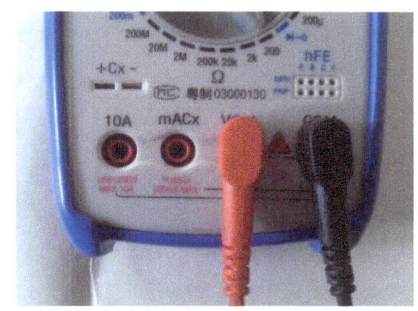

图 2-13 插入红、黑表笔

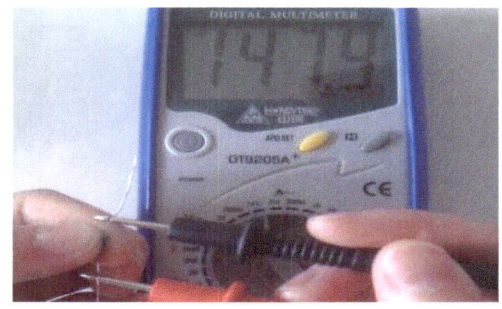

图 2-14 测量并读数

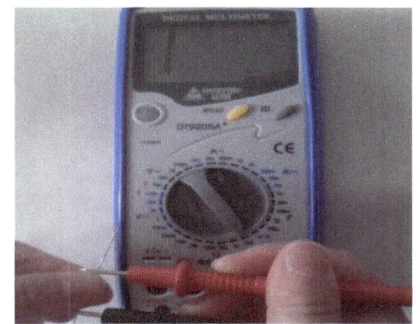

图 2-15 量程选取不够大

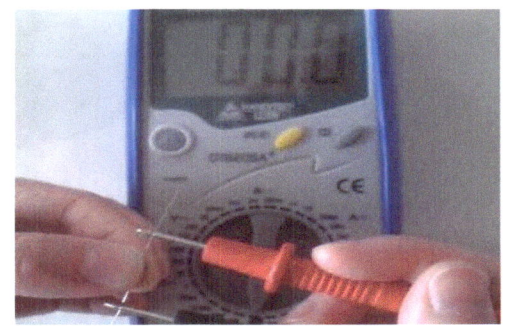

图 2-16 量程选取过大

注意：测量时，手指不能接触表笔金属部分和被测电阻引脚的两端，以防并联接入人体电阻，如图 2-17 所示。

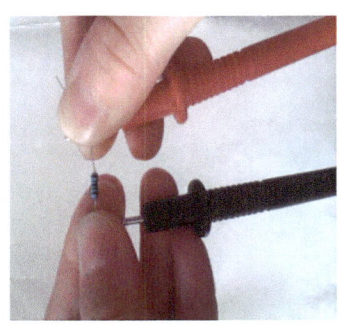

a) 错误

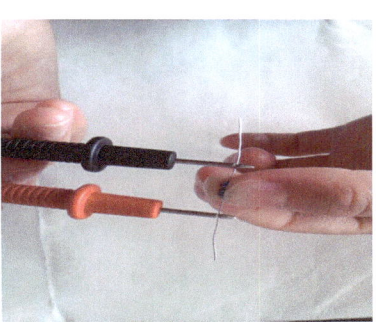

b) 正确

图 2-17 测量电阻的姿势

3）当显示器始终显示"1"，说明电阻器断路。

4）当显示器始终显示"00.0"，可判定电阻器短路。

4. 任务报告

姓名：　　　　　　　班级：　　　　　　　组号：

项　目	操作要点及规范	完成情况	结果说明
1. 万用表校零	打开电源开关，两表笔短接，显示器显示"0"	□是　□否	
2. 万用表档位选择	选择电阻档，量程既不过大也不过小	□是　□否	
3. 万用表表笔插孔选择	黑表笔插入"COM"插孔，红表笔插入"VΩ"插孔	□是　□否	
4. 电阻的测量	手握位置正确，两表笔分别跨接在被测电阻引脚的两端	□是　□否	
5. 测量数值的读取	当显示屏上数值稳定后再读数，测量时不用手接触表笔金属部分、电阻引脚的两端	□是　□否	
6. 电阻无落地现象	元件不允许落地	□是　□否	
7. 万用表使用安全，无损坏	注意表笔极性，不带电测量	□是　□否	
8. 服装整洁	无配饰和首饰等	□是　□否	
9. 安全文明操作	5S	□是　□否	
在小组中你的任务是什么			
你遇到了什么困难？你怎样解决			
在本任务实施中需要注意哪些事项			
教师点评			
成绩		指导老师	

5. 学生作业评分表

开始时间：　　　　　结束时间：　　　　　学生姓名：　　　　　成绩：

序号	作业说明	配分	作业内容	评分标准	扣分	得分
1	穿戴个人防护用品及安全操作	5	正确穿戴个人防护用品	不按规定穿戴，每项扣0.5分，扣完为止		
		5	安全操作	出现安全事故扣5分（操作全过程中）；严重者指导老师有权终止其操作		
2	万用表校零	5	打开电源开关，旋置于电阻档	电源开关找错扣1分，档位选择错误扣2分		
		5	将两表笔短接，显示器显示"0"	操作不规范扣2分		
3	万用表表笔插孔选择	5	黑表笔插入"COM"插孔	黑表笔插错插孔扣2分		
		5	红表笔插入"VΩ"插孔	红表笔插错插孔扣2分		

项目二　基本电工元件介绍

（续）

序号	作业说明	配分	作业内容	评分标准	扣分	得分
4	电阻的测量	5	将万用表表笔分别跨接在被测电阻引脚的两端	手指接触电阻引脚扣5分，操作不规范扣2分		
		10	当显示屏上数值稳定后再读数	数值不稳定开始读数扣2分		
		5	正确读取数值	读错数值扣5分		
		10	当显示器显示"1"时，说明万用表电阻档量程选取不够大，须重新选择更高量程	判断错误扣2分，重新选择量程错误扣3分		
		10	当显示器显示"00.0"时，说明万用表电阻档量程选取过大，须重新选择量程小的档位继续测量	判断错误扣2分，重新选择量程错误扣3分		
		10	填写测量结果	填写错误扣2分		
		10	关闭电源，将表笔取下	操作结束忘记关闭电源扣5分		
5	安全文明操作	5	5S	不尊重指导老师扣2分；操作完毕后，不进行工位清洁、工具设备复位、废物统一收纳各扣1分，扣完为止		
6	时间限制	5		超时1min扣1分，超过5min终止操作并扣5分		
7	合计	100				
指导老师签名：				年　　月　　日		

任务二　电容的认识与测量

任务分析

电容除了作为一个储能元件，还具有其他许多功能，在汽车电路中应用非常广泛，常见的电源电路和振荡电路中都离不开电容。本任务就是认识形形色色的电容，了解电容的大小以及极性，学会通过万用表来读取电容的大小。

教学目标

知识目标：掌握电容元件的作用、种类和表示方法。
技能目标：学会使用万用表检测电容，并能正确读数。
情感目标：学会思考，勤于动手。

教学重点

使用万用表检测电容。

教学难点

电容值的识读。

[相关知识]

1. 电容的概述

电容（Capacitance）指的是在给定电位差下的电荷储藏量。一般来说，电荷在电场中会受力而移动，当导体之间有了介质，则会阻碍电荷移动而使得电荷累积在导体上，造成电荷的累积储存。最常见的电容器就是两片平行金属板。电容是表征电容器容纳电荷本领的物理量。把电容器两极板间的电势差增加1V所需的电量，称为电容器的电容。电容器从物理学上讲，是一种静态电荷存储介质，就像一只水桶一样，可以把电荷充存进去，在没有放电回路的情况下，不考虑介质漏电自放电效应（电解电容的自放电效应比较明显），可能电荷会永久存在。电容的用途较广，是电子、电力领域中不可缺少的电子元件，主要用于电源滤波、信号滤波、信号耦合、谐振、隔直流等电路中。

电容的文字符号为 C，图形符号为 ⊣⊢。电解电容（有极性电容）的图形符号为 ⊣⊢。

2. 电容的单位

电容的国际单位为法拉，用符号 F 表示，常用的电容单位有毫法（mF）、微法（μF）、纳法（nF）和皮法（pF）等，它们的换算关系如下：

$$1F = 10^3 mF = 10^6 \mu F$$
$$1\mu F = 10^3 nF = 10^6 pF$$

3. 电容的分类

按照介质区分，常用电容可分为电解电容、瓷介电容、云母电容、薄膜电容等。

（1）铝电解电容　铝电解电容是由铝圆筒做负极，里面装有液体电解质，插入一片弯曲的铝带做正极制成的，如图2-18所示。它还需要经过直流电压处理，使正极片上形成一层氧化膜做介质。铝电解电容的特点是容量大，但是漏电大、误差大、稳定性差，常用作交流旁路和滤波，在要求不高时也可用于信号耦合。电解电容有正、负极之分，使用时不能接反。

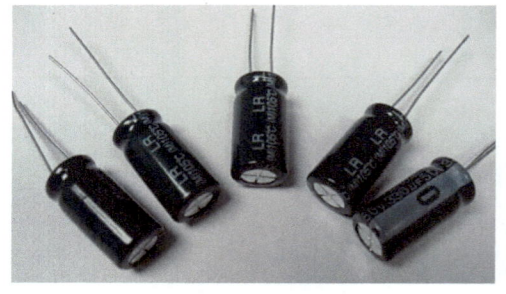

图2-18　铝电解电容

（2）钽、铌电解电容　如图2-19所示，钽、铌电解电容用金属钽或者铌做正极，用稀硫酸等配液做负极，用钽或铌表面生成的氧化膜做介质制成。它的特点是体积小、容量大、性能稳定、寿命长、绝缘电阻大、温度特性好，常用在要求较高的设备中。

（3）瓷介电容　如图2-20所示，瓷介电容是利用陶瓷做介质，在陶瓷基

图2-19　钽、铌电解电容

体两面喷涂银层，然后烧成银质薄膜做极板制成的。它的特点是体积小、耐热性好、损耗小、绝缘电阻高，但容量小，适用于高频电路。

（4）云母电容　如图2-21所示，云母电容是用金属箔或者在云母片上喷涂银层做电极板，极板和云母一层一层叠合后，再压铸在胶木粉或封固在环氧树脂中制成的。它的特点是介质损耗小、绝缘电阻大、温度系数小，适用于高频电路。

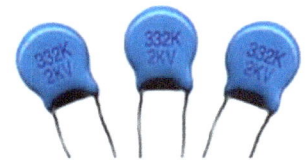

图2-20　瓷介电容

（5）薄膜电容　如图2-22所示，薄膜电容的结构和纸介电容相同，介质是涤纶或者聚苯乙烯。涤纶薄膜电容的特点是介电常数较高、体积小、容量大、稳定性较好，适宜做旁路电容。聚苯乙烯薄膜电容的特点是介质损耗小、绝缘电阻高。

（6）可变电容　如图2-23所示，可变电容由一组定片和一组动片组成，它的容量随着动片的转动可以连续改变。把两组可变电容装在一起同轴转动，称为双连。可变电容的介质有空气和聚苯乙烯两种。空气介质可变电容体积大、损耗小，多用在电子管收音机中。聚苯乙烯介质可变电容做成密封式的，体积小，多用在晶体管收音机中。

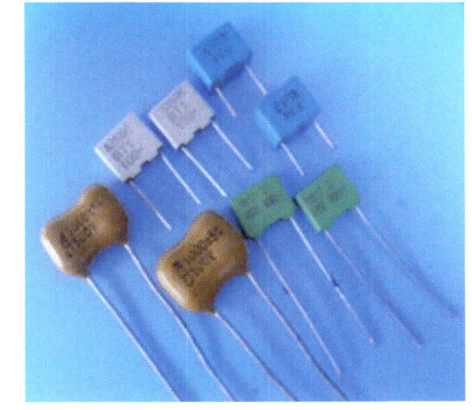

图2-21　云母电容

图2-22　薄膜电容

图2-23　可变电容

4．电容的主要参数

（1）标称容量和允许误差　电容表示储存电荷的能力。电容器上标有的电容数是电容器的标称容量。电容器的标称容量和它的实际容量会有误差。一般地，电容器上都直接写出其容量，也有用数字来标示容量的，通常在容量小于10000pF的时候，用pF做单位，大于10000pF的时候，用μF做单位。为了简便起见，大于100pF而小于1μF的电容常常不标单位，没有小数点的其单位是pF，有小数点的其单位是μF。如有的电容上标有"332"（3300pF）三位有效数字，左起两位给出电容量的第一、二位数字，而第三位数字则表示在后加0的个数，单位是pF。常用固定电容允许误差的等级见表2-1。

表 2-1　常用固定电容允许误差的等级

允许误差	±2%	±5%	±10%	±20%	-30%~20%	-20%~50%	-10%~100%
级别	02	Ⅰ	Ⅱ	Ⅲ	Ⅳ	Ⅴ	Ⅵ

（2）额定工作电压　在规定的工作温度范围内，电容能长期可靠地工作，它能承受的最大直流电压，就是电容的耐压，也叫作电容的直流工作电压。在交流电路中，要注意所加的交流电压最大值不能超过电容的直流工作电压值。常用的固定电容工作电压有 6.3V、10V、16V、25V、50V、63V、100V、250V、400V、500V、630V、1000V。

（3）绝缘电阻　电容两极之间的介质不是绝对的绝缘体，它的电阻不是无限大，而是一个有限的数值，一般在 1000MΩ 以上。电容两极之间的电阻叫作绝缘电阻，或者称为漏电电阻，其大小是额定工作电压下的直流电压与通过电容的漏电流的比值。漏电电阻越小，漏电越严重。电容漏电会引起能量损耗，这种损耗不仅会影响电容的寿命，而且会影响电路的工作。因此，漏电电阻越大越好。

[任务实施]

1. 器材准备

电容，数字万用表。

2. 注意事项

1）保证人员安全，万用表无损坏。
2）保证电容无损坏。
3）保证工作环境的整洁。
4）熟练掌握任务实施的操作规程。

3. 电容的检测步骤

（1）放电　测量之前应对被测电容器进行充分放电，所谓放电就是将电容器的两只引脚短接至少 2s，使得两极间电压为零，否则电容器的电量会损坏万用表。

对于容量较小的电容器可用导线、镊子或螺钉旋具等进行放电；对于高电压条件下的电容则要用绝缘良好的导线进行放电，以免造成触电事故。

（2）万用表表笔插孔选择　将万用表的黑表笔插入"COM"插孔，红表笔插入"mACx"插孔，如图 2-24 所示。

（3）选择量程档位　测量时要根据被测电容器容量的大小选择合适的量程，如图 2-25 所示。选取原则以最接近被测电容值的量程为宜，量程的选择对所得测量结果的影响很大。

（4）测量并读数　将万用表表笔分别跨接在被测电容引脚的两端，当刚接触被测电容时，仪表显示屏的数字会有跳动现象，电容量越大，跳动越明显，这是正常现象。当显示数值稳定后，即可读取被测电容器的数值，如图 2-26 所示。

另外，有些数字万用表中还有一种测量电容的方法，就是将电容器的两只引脚直接插在标有"+Cx-"的插孔中，如图 2-27 所示，等到显示数值稳定后，即可读取被测电容器的数值。

注意： 在测量电容的方法和量程都正确的情况下，当显示器始终显示"00.0"，说明电容器短路；当显示器始终显示"1"，说明电容器断路。

项目二　基本电工元件介绍

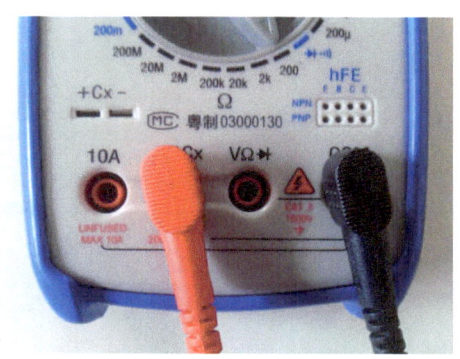

图 2-24　插入红、黑表笔

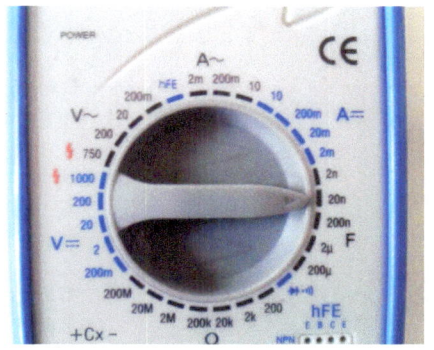

图 2-25　选择量程档位

图 2-26　测量并读数

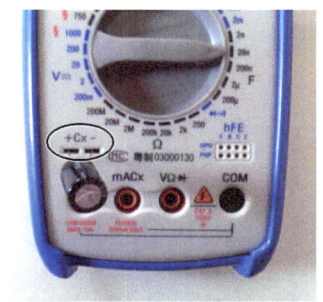

图 2-27　用电容插孔测量电容

4. 任务报告

姓名：　　　　　　　　　　　班级：　　　　　　　　　　　组号：

项　　目	操作要点及规范	完 成 情 况	结 果 说 明
1. 万用表校零	打开电源开关，两表笔短接，显示器显示"0"	□ 是　□ 否	
2. 电容器放电	将电容器的两只引脚短接至少 5s	□ 是　□ 否	
3. 万用表档位选择	选择电容档，量程既不过大也不过小	□ 是　□ 否	
4. 万用表表笔插孔选择	黑表笔插入"COM"插孔，红表笔插入"mACx"插孔	□ 是　□ 否	
5. 电容的测量	手握位置正确，两表笔分别跨接在被测电容引脚的两端	□ 是　□ 否	
6. 测量数值的读取	当显示屏上数值稳定后再读数，测量时不用手接触表笔金属部分、电容引脚的两端	□ 是　□ 否	
7. 电容无落地现象	元件不允许落地	□ 是　□ 否	
8. 万用表使用安全，无损坏	注意表笔极性，不带电测量	□ 是　□ 否	
9. 服装整洁	无配饰和首饰等	□ 是　□ 否	
10. 安全文明操作	5S	□ 是　□ 否	
在小组中你的任务是什么			
你遇到了什么困难？你怎样解决			
在本任务实施中需要注意哪些事项			
教师点评			
成绩		指导老师	

5. 学生作业评分表

开始时间：　　　　　　结束时间：　　　　　　学生姓名：　　　　　　成绩：

序号	作业说明	配分	作业内容	评分标准	扣分	得分
1	穿戴个人防护用品及安全操作	5	正确穿戴个人防护用品	不按规定穿戴，每项扣0.5分，扣完为止		
		5	安全操作	出现安全事故扣5分（操作全过程中）；严重者指导老师有权终止其操作		
2	万用表校零	5	打开电源开关，旋置于电阻档	电源开关找错扣1分，档位选择错误扣2分		
		5	将两表笔短接，显示器显示"0"	操作不规范扣2分		
3	电容器放电	10	将电容器的两只引脚短接至少5s	选择放电工具不正确扣2分		
		10	对于容量较小的电容器可用导线	放电时间过短扣2分		
4	万用表档位选择	10	将档位旋置于电容档	档位选择错误扣5分		
			选择正确的量程	量程选择不正确扣2分		
5	万用表表笔插孔选择	10	黑表笔插入"COM"插孔，红表笔插入"mACx"插孔	黑表笔选择错误扣2分		
				红表笔选择错误扣2分		
6	电容的测量	10	手握位置正确，两表笔分别跨接在被测电容引脚的两端	操作方法不正确扣2分		
				手指接触表笔金属部分或电容引脚均扣2分		
7	测量数值的读取	10	当显示屏上数值稳定后再读数	显示屏数值不稳定读数扣5分		
				读数不准确扣3分		
8	填写测量结果	10	正确填写测量结果并关闭万用表电源	填写不正确扣2分		
				忘记关闭电源扣5分		
9	安全文明操作	5	5S	不尊重指导老师扣2分；操作完毕后，不进行工位清洁、工具设备复位、废物统一收纳各扣1分，扣完为止		
10	时间限制	5		超时1min扣1分，超过5min终止操作并扣5分		
11	合计	100				

指导老师签名：　　　　　　　　　　　　　　　　　　　　　　　　　年　　月　　日

任务三　导线和插接器的认识

任务分析

电路的组成，除了电工元件，还有连接各个元件的导线。汽车作为一个整体，其内部包含了许许多多的独立电路。在这些电路中,元件的连接就需要考虑导线的粗细、连接方式等问题。在这个任务中,将初步辨别导线的应用场合,熟悉各种插接器的操作。

教学目标

知识目标:初步认识导线和插接器及它们的应用。
技能目标:学会通过外观初步辨别导线的应用场合,以及掌握插接器的操作。
情感目标:善于观察,勤于动手。

教学重点

导线的选用原则及颜色代号。

教学难点

导线的选用原则。

[相关知识]

1. 车用导线

车用导线如图2-28所示。

(1) 导线的选用原则 导线截面积主要根据其工作电流选择,但是对于一些电流很小的电器,为保证导线有一定的机械强度,汽车电路系统中所用导线的截面积至少不得小于0.5mm²。由于起动机是短时间工作,连接蓄电池与起动机的导线不以工作电流的大小来选定,而受工作时的电压降限制。为了保证起动机正常工作,能发出足够的功率,要求在线路上每100A的电流所产生的电压降不超过0.1~0.15V,因此,该导线的截面积特别大。蓄电池的搭铁线一般采用铜丝编织成的扁形软导线,不带绝缘层。常用低压导线的规格见表2-2,12V电系主要线路导线截面积推荐值见表2-3。

图2-28 车用导线

表2-2 常用低压导线的规格

标称截面积/mm²	线芯结构		绝缘标称厚度/mm	导线最大直径/mm	允许载流量/A
	根 数	直径/mm			
0.5			0.6	2.2	
0.6			0.6	2.3	
0.8	7	0.39	0.6	2.5	
1	7	0.42	0.6	2.6	11
1.5	17	0.52	0.6	2.9	14
2.5	19	0.41	0.8	3.8	20
4	19	0.52	0.8	4.4	25
6	19	0.64	0.9	5.2	35

(续)

标称截面积/mm²	线芯结构		绝缘标称厚度/mm	导线最大直径/mm	允许载流量/A
	根 数	直径/mm			
8	19	0.74	0.9	5.7	
10	49	0.52	1.0	6.9	50
16	49	0.64	1.0	8.0	
25	98	0.58	1.2	10.3	
35	133	0.58	1.2	11.3	
50	133	0.58	1.4	13.3	

表 2-3 12V 电系主要线路导线截面积推荐值

标称截面积/mm²	用 途
0.5	尾灯、顶灯、指示灯、仪表灯、牌照灯、燃油灯、刮水器电动机、电子时钟、冷却液温度表、油压表
0.8	转向灯、制动灯、停车灯、分电器
1.0	前照灯、喇叭(3A 以下)
1.5	电喇叭(3A 以上)
1.5~4	其他的连接导线
4~6	电热塞导线
6~25	电源线
16~95	起动机导线

（2）导线的颜色区别和代号　汽车上使用的电器越多，导线数量越多。为便于安装和检修，采用双色线，主色为基础色，辅色为环布导线的条色带或螺旋色带，且标注时主色在前，辅色在后。汽车电气系统的主色见表 2-4。

表 2-4 汽车电气系统的主色

系 统 名 称	导线主色	代 号
电源系	红	R
点火系和起动系	白	W
前照灯、雾灯及外部灯光照明系统	蓝	B
灯光信号系统,包括转向指示灯	绿	G
车身内部照明系统	黄	Y
仪表及警报指示和喇叭系统	棕	Br
收音机、电子时钟、点烟器等辅助装置	紫	V
各种辅助电动机及电气操纵系统	灰	Gr
电气装置搭铁线	黑	B

2. 插接器

插接器由插头和插座两部分组成，按使用场合的实际需要，其脚数多少不等，插接脚有平端与针状之分，如图 2-29 所示。

图 2-29　插接器

插接器接合时，应先将其导向槽重叠在一起，使插头和插孔对准且稍用力插入，这样就可以十分牢固地连接在一起。所谓插接器的导向槽，是指插接器连接时为了使其正确定位而设置的凸凹轨。一对插头、插座由于导向槽的作用，一般来说不可能插错，非成对的插头与插座因其脚数及外部形状不相同，因此，也不可能插错。所以使用插接器连接电路十分方便、可靠。

[任务实施]

1. 器材准备
外径千分尺一把，车用低压导线若干。

2. 注意事项
1）保证人员的安全。
2）保证外径千分尺无损坏。
3）保持工作环境的整洁。
4）熟练掌握任务实施的操作规程。

3. 低压导线的测量与估算步骤
1）观察导线并处理导线，如图 2-30 所示。
2）从低压导线中抽出一根铜芯线，用外径千分尺测量其直径。
3）根据低压导线中包含的铜芯线的数目，估算单股低压导线的截面积。
4）根据表 2-2 判断其最大允许电流。
5）根据表 2-3、表 2-4 推断该导线大致的应用范围。

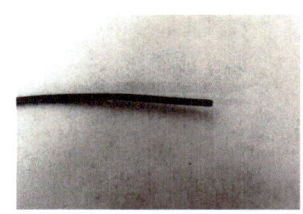  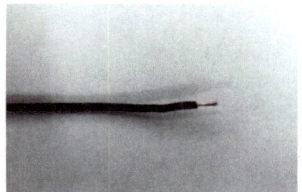

a) 处理前的导线　　　　b) 剥线钳剥线　　　　c) 处理后的导线

图 2-30　处理导线步骤

4. 任务报告

姓名：　　　　　　　　班级：　　　　　　　　组号：

项　目	操作要点及规范	完 成 情 况	结 果 说 明
1. 处理导线	用剥线钳处理导线	□是　□否	
2. 测量铜芯线	用外径千分尺测量铜芯线的直径	□是　□否	
3. 估算截面积	根据低压导线中包含的铜芯线的数目，估算单股低压导线的截面积	□是　□否	
4. 查表	根据表2-2判断其最大允许电流；根据表2-3、表2-4推断该导线大致的应用范围	□是　□否	
在小组中你的任务是什么			
你遇到了什么困难？你怎样解决			
在本任务实施中需要注意哪些事项			
教师点评			
成绩		指导老师	

5. 学生作业评分表

开始时间：　　　　　　结束时间：　　　　　　学生姓名：　　　　　　成绩：

序号	作业说明	配分	作业内容	评分标准	扣分	得分
1	穿戴个人防护用品及安全操作	10	正确穿戴个人防护用品	不按规定穿戴，每项扣1分，扣完为止		
		10	安全操作	出现安全事故扣10分（操作全过程中）；严重者指导老师有权终止其操作		
2	处理导线	15	剥线钳的选用及操作规范	剥线钳使用不正确扣15分		
3	测量铜芯线	25	测量铜芯线直径	外径千分尺使用不正确扣10分；不能正确读数扣15分		
4	查表	20	查表	不能查询正确表格扣10分；不能正确读取相关数值扣10分		
5	安全文明操作	10	5S	不尊重指导老师扣4分；操作完毕后，不进行工位清洁、工具设备复位、废物统一收纳各扣2分，扣完为止		
6	时间限制	10		超时1min扣1分，超过10min终止操作并扣10分		
7	合计	100				
指导老师签名：					年　月　日	

项目三

电路基本知识

本项目介绍了电工学中的一些基本知识，例如，电路的状态、分析电路时常用的一些物理量等，旨在为以后学习电路的分析打下基础。

学习目标

掌握电路的组成及三种工作状态，掌握电路中几种基本物理量的相关知识，学会使用万用表测量电路的电压和电流，掌握串并联电路的定义、特点和应用。

任务一　　电路的状态

任务分析

电路是为了某种需要，将电工设备或元器件按一定规则连接而成的回路。了解电路的基本组成及其工作状态是学习汽车电器的基础。本任务主要介绍电路的基本组成和电路的三种工作状态，学会搭建简单的照明电路，并观察两种工作状态。

教学目标

知识目标：掌握电路的基本组成及三种工作状态。
技能目标：学会搭建简单的照明电路，并判断其状态。
情感目标：善于观察，勤于动手。

教学重点

电路的三种工作状态。

教学难点

电路的三种工作状态。

[相关知识]

1. 电路

由电子元器件按一定的方式连接起来的电流通路称为电路。

2. 电路的组成

电路包括电源、用电器和中间环节三个部分。图 3-1 所示为简单的照明电路。

（1）电源　为电路提供电能的器件，如发电厂、电池等。

（2）用电器　电路中消耗电能的器件，如电灯、电动机等。

（3）中间环节　连接电源和用电器的部分，起传输和分配电能的作用，如开关、输电线等。

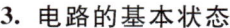

3. 电路的基本状态

（1）通路状态　电源与用电器连通形成回路。

如图 3-2 所示，开关 S 闭合时，电路中有了电流及能量的输送和转换。

（2）开路状态　电源与用电器不连接，电源处于不工作状态，也称为空载状态。此时外电路电阻为无穷大，电路中电流为 0。

如图 3-3 所示，开关 S_1 和 S_2 全部断开，电源既不产生也不输出电功率。

图 3-1　简单的照明电路

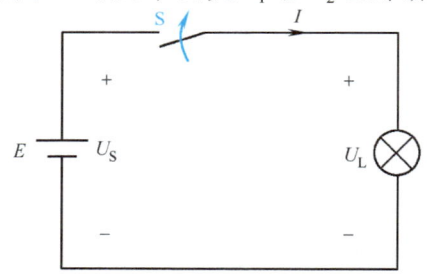

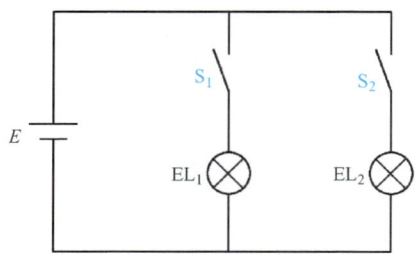

图 3-2　通路状态电路图　　　　图 3-3　开路状态电路图

（3）短路状态　电源两端直接相连。此时，外电路电阻为 0，短路电流很大。

如图 3-4 所示，当开关 S 闭合时，白炽灯被短路，电源产生的电功率全部消耗在电源的内电阻和连接导线的电阻上，这时电流比正常工作电流大得多，开关闭合时间稍长便会使电源烧毁，容易引起火灾。因此，在工作中应注意避免。

[任务实施]

1. 器材准备

天煌 THETZP 型教学仪器——电子焊接装配生产线一台。

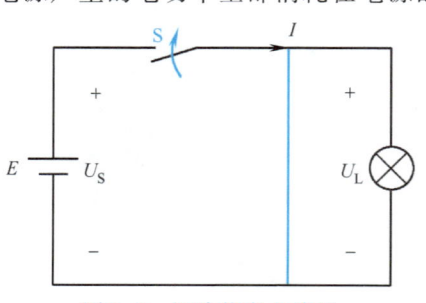

图 3-4　短路状态电路图

该设备是高度仿真的电子工艺生产线，满足学生电子制作、电子设计大赛、课程设计、毕业设计、创新实践活动等综合性、设计性、创新性的实训要求。可培养学生的实践能力和创新能力。适合技工学校、职业培训学校、职教中心、鉴定站/所等电子类专业《电子工艺》相关课程的教学实训和鉴定考核。

实训台主要由实训桌、实训面板、铝合金框架、顶部框架等组成。

1）正反两面各配有一个工具柜，可放置实训套件、工具和资料等；台面上铺有绿色防静电桌垫；另外还设有四个带刹车的万向轮，便于移动和固定。

2）正反两面各有一块实训面板，分别提供九路 AC 220V 电源插座接口和四路固定直流电源，其中直流电源电压分别为 ±12V、±5V，每路均有短路、过电流保护和自动恢复功能。

3）铝合金框架为双层结构。第一层用于挂放元件盒（焊接工序用）或实训挂箱（调试工序用）。第二层设有四个 PVC 夹板，可用来夹放相关实训资料。

4）顶部框架上设有电风扇和 30W 荧光灯（照明设备）各两个。

2. 注意事项

1）保证人员的安全。
2）保证万用表、电子元器件无损坏。
3）保持工作环境的整洁。
4）熟练掌握任务实施的操作规程。

3. 观察电路的状态并记录现象

1）给电源模块通电，如图 3-5 所示。

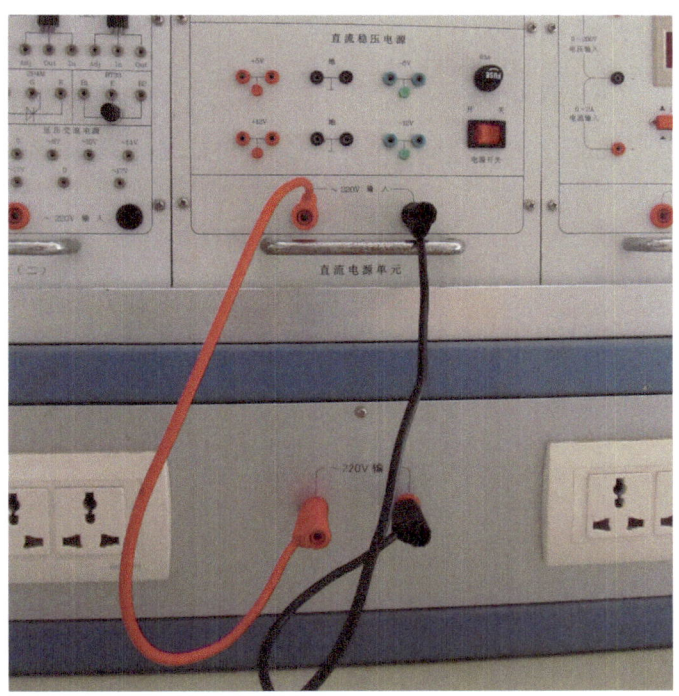

图 3-5 直流电源模块通电

2）12V 白炽灯一端接 +12V 电源，另一端接地，如图 3-6、图 3-7 所示。

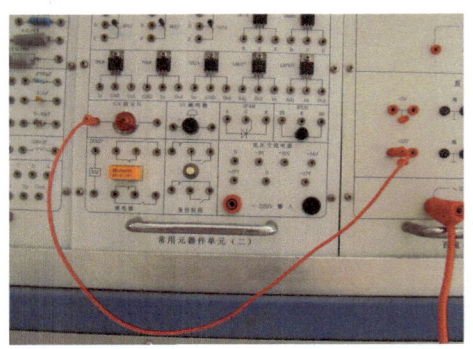 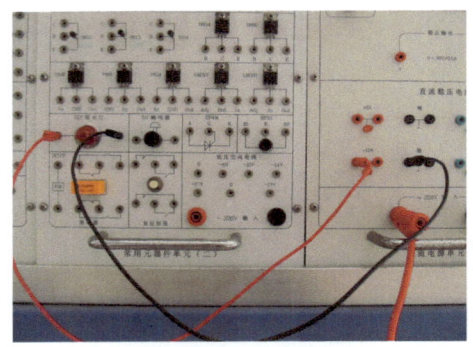

图 3-6　+12V 电源接白炽灯一端　　　　图 3-7　白炽灯另一端接地

3）检查电路，电源模块通电，观察到 12V 白炽灯点亮，如图 3-8 所示。

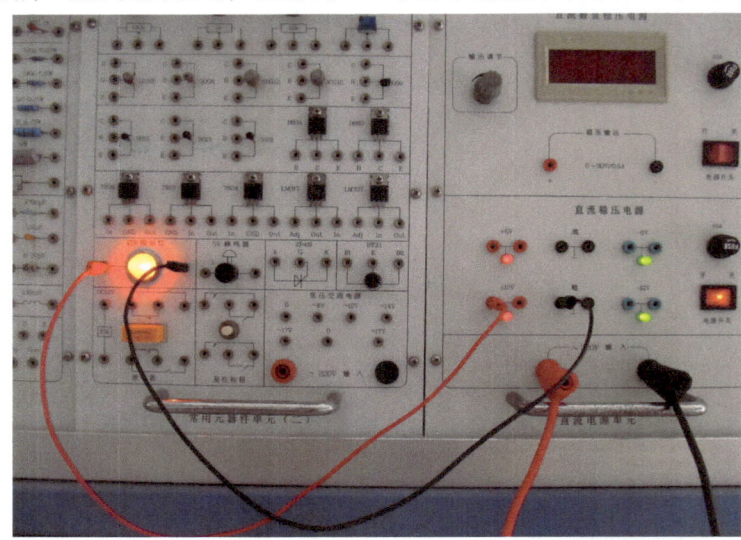

图 3-8　电路导通

4. 任务报告

姓名：　　　　　　　　班级：　　　　　　　　组号：

项目	操作要点及规范	完成情况	结果说明
1. 连接电路	将电子元器件按图 3-5～图 3-8 连接成简单的照明电路	□是　□否	
2. 通路状态	闭合开关，观察现象	□是　□否	
3. 开路状态	打开开关，观察现象	□是　□否	
在小组中你的任务是什么			
你遇到了什么困难？你怎样解决			
在本任务实施中需要注意哪些事项			
教师点评			
成绩		指导老师	

5. 学生作业评分表

开始时间：　　　　　　结束时间：　　　　　　学生姓名：　　　　　　成绩：

序号	作业说明	配分	作业内容	评分标准	扣分	得分
1	穿戴个人防护用品及安全操作	10	正确穿戴个人防护用品	不按规定穿戴，每项扣1分，扣完为止		
		10	安全操作	出现安全事故扣10分（操作全过程中）；严重者指导老师有权终止其操作		
2	连接电路	20	将电子元器件按图3-5～图3-8连接成简单的照明电路	不能识别电路各组成部分扣10分；不能正确连接电路扣10分		
3	通路状态	20	闭合开关，记录现象	不能正确操作扣10分；不能描述现象扣10分		
4	开路状态	20	打开开关，记录现象	不能正确操作扣10分；不能描述现象扣10分		
5	安全文明操作	10	5S	不尊重指导老师扣4分；操作完毕后，不进行工位清洁、工具设备复位、废物统一收纳各扣2分，扣完为止		
6	时间限制	10		超时1min扣1分，超过10min终止操作并扣10分		
7	合计	100				

指导老师签名：　　　　　　　　　　　　　　年　　月　　日

任务二　电路基本物理量的测量

任务分析

对事物进行准确的分析就不能缺少分析的对象，例如，一个人的长度和质量，这里有长度和质量两种物理量。对于电路，就要分析电路中的电压、电流以及它们之间的关系。本任务主要介绍电路中的基本物理量、基本定律以及测量这些物理量的方法。

教学目标

知识目标：掌握电路中几种基本物理量的相关知识。
技能目标：学会使用万用表测量电路的电压和电流；能够通过实验验证欧姆定律。
情感目标：注意安全，勤于动手。

教学重点

几种电路基本物理量的概念和测量方法。

教学难点

欧姆定律的验证实验。

[相关知识]

1. 电流

电流是由带电粒子有规则地定向运动而形成的。电流的大小等于单位时间内通过导体横截面的电荷量。随时间而变化的电流是交流电,用小写字母 i 表示;不随时间而变化的电流是直流电,用大写字母 I 表示。

在国际单位制中,电流的单位是安培,简称"安",用大写字母"A"表示。另外还有毫安(mA)、微安(μA),它们的换算关系如下:

$$1A = 10^3 mA = 10^6 \mu A$$

既然电流是由带电粒子有规则地定向运动而形成的,那么电流就是一个既有大小、又有方向的物理量。

早期的科学家规定正电荷移动的方向为电流方向,此规定沿用至今。之后,科学家发现电流本质上是电子的运动,而电子带负电荷,因此,早期科学家规定的电流正方向与电子运动方向相反。因为电流的实际方向可能是未知的,也可能是随时间变动的,所以有必要指定电流的参考方向。图 3-9 表示一个电路的一部分,其中的长方框表示一个二端元件。流过这个元件的电流为 i,其实际方向或是由 A 到 B,或是由 B 到 A。在该图中用实线箭头表示电流的参考方向,它不一定就是电流的实际方向。如果电流 i 的实际方向是由 A 到 B,如图 3-9a 中虚线箭头所示,它与参考方向一致,则电流为正值,即 $i>0$。在图 3-9b 中,指定电流的参考方向自 B 到 A(见实线箭头),如果电流的实际方向是由 A 到 B(见虚线箭头),两者不一致,故电流为负值,即 $i<0$。这样,在指定的电流参考方向下,电流值的正和负就可以反映出电流的实际方向。

图 3-9 电流参考方向示意图

所以,在今后分析与计算电路时,都要在电路中标出有关支路电流的参考方向。这样,最后计算出来的电流值的正负才有意义。

2. 电压

电压是用来表示电场力移动电荷做功本领的物理量。a、b 两点之间的电压 U_{ab},在数值上就等于电场力将单位正电荷从 a 点移到 b 点所做的功。

电动势是用来表示电源移动电荷做功本领的物理量。电源的符号如图 3-10 所示。在国际单位制中，电压和电动势的单位都是伏特（焦耳/库仑），简称"伏"，用大写字母"V"表示。另外还有千伏（kV）、毫伏（mV）和微伏（μV），它们的换算关系如下：

$$1\text{V} = 10^3 \text{mV} = 10^6 \mu\text{V}$$

电压的实际方向规定为由高电位（"+"极性）端指向低电位（"−"极性）端，即为电位降低的方向。电源电动势的实际方向规定为在电池内部由低电位（"−"极性）端指向高电位（"+"极性）端，即为电位升高的方向。和电流一样，在较复杂的电路中，也往往无法先确定它们的实际方向（或者极性）。因此，在电路图上所标出的也都是电动势和电压的参考方向。若参考方向与实际方向一致，则其值为正；若参考方向与实际方向相反，则其值为负。

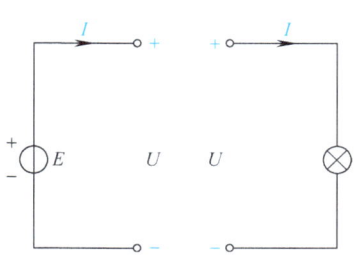

图 3-10　电源的符号

原则上参考方向是可以任意选择的，但是在分析某一个电路元件的电压与电流的关系时，需要将它们联系起来选择，这样设定的参考方向称为关联参考方向。今后在单独分析电源或负载的电压与电流关系时，选用图 3-10 所示的关联参考方向，其中负载中电流的参考方向是由电压参考方向所假定的由高电位流向低电位，符合这一规定的参考方向称为关联参考正方向。电源中电压的参考方向与电动势参考方向相反，电流的参考方向是由电压或电动势的参考方向所假定的由低电位经电源内部流向高电位。

3. 电位

在分析和计算电路时，特别是在电子技术中，常常将电路中的某一点选作参考点，并规定其电位为零。于是电路中其他任何一点与参考点之间的电压便是该点的电位。在同一电路中，由于参考点选得不同，各点的电位值会随着改变，但是任意两点之间的电压值是不变的。所以各点的电位高低是相对的，而两点间的电压值是绝对的。

原则上，参考点可以任意选择，但为了统一起见，工程上常选大地为参考点。机壳需要接地的设备，可以把机壳选作电位的参考点。有些电子设备，机壳虽不一定接地，但为分析方便起见，可以把它们当中元器件汇集的公共端或公共线选作参考点，也称为"地"，在电路图中用"⊥"表示。汽车电路中参考点为车身或车架。

4. 欧姆定律

（1）部分电路欧姆定律　在一段没有电源而只有电阻元件的电路中，电流、电阻和电压之间满足部分电路欧姆定律关系，即

$$I = U/R$$

其中，I 表示通过导体的电流，U 表示导体两端的电压，R 表示导体的电阻。三者的单位分别为安培（A）、伏特（V）和欧姆（Ω）。

导体的电流与它两端的电压成正比，与它的电阻成反比。在电路电压一定的情况下，电路的电阻越大，电路中的电流就越小。

（2）全电路欧姆定律　对于整个电路而言，可以将电路分为内、外电路两部分。电源本身的电流通路称为内电路，电源以外的电流通路称为外电路，内电路和外电路总称为全电路，如图 3-11 所示。

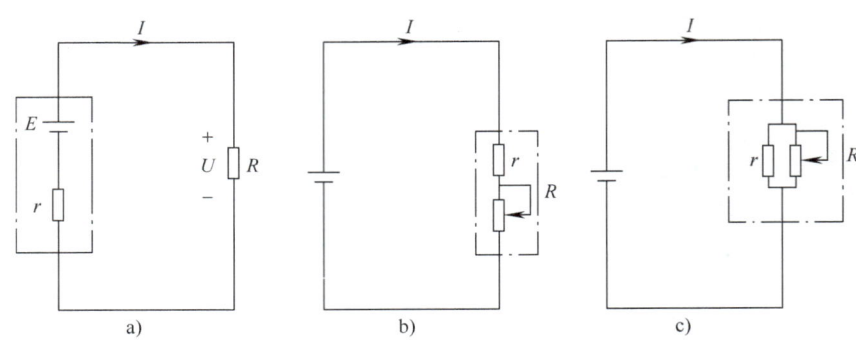

图 3-11 全电路

电源的内电阻用 r 表示，外负载用 R 表示。分析问题时，可以将内电路等效成电动势 E 和一个电阻 r 串联的电路。

如图 3-11 所示，闭合电路中有电流通过，用 I 表示。在一段时间内，通过电路中任一横截面的电荷量为

$$q = It$$

这时电源非静电力所做的功为

$$W_{非静电力} = qE = EIt$$

在外电阻和内电阻上，电流所做的功为

$$Q = I^2Rt + I^2rt$$

根据能量守恒定律有

$$EIt = I^2Rt + I^2rt$$

所以

$$I = E/(R+r)$$

通过以上推导可以得出：在闭合电路中，电流与电源的电动势成正比，与整个电路的电阻成反比，这个规律称为闭合电路欧姆定律。

由此可以看出，电路中的电流大小与电动势、外阻、内阻的大小有关。在一般情况下，要求电源内阻越小越好。

[任务实施]

1. 器材准备

教学仪器一台，数字万用表一块。

2. 注意事项

1）保证人员和仪器的安全。

2）保证万用表无损坏。

3）保持工作环境的整洁。

4）熟练掌握基本实验过程。

3. 欧姆定律验证实验

电路原理图如图 3-11b、c 所示。实验步骤如下。

1）用两导线分别连接"~220V 输出"和"~220V 输入"的输入、输出端口，给电源

模块通电,如图 3-12 所示。

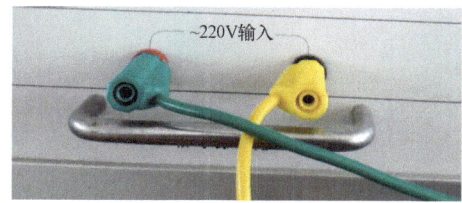
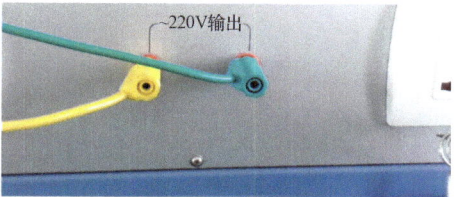

图 3-12　电源模块通电示意图

2)通过直流电源单元"～220V 输入"端口给测量仪表单元模块通电,如图 3-13 所示。

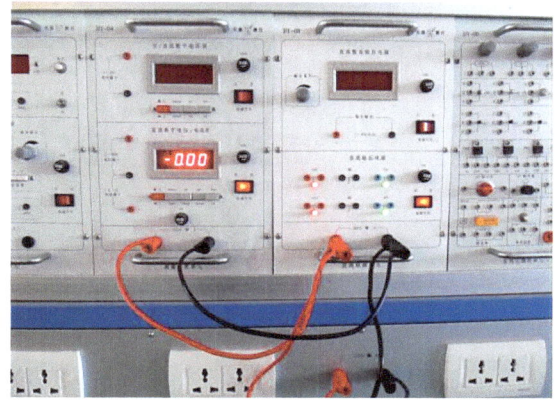

图 3-13　测量仪表单元模块通电示意图

3)连接电路,如图 3-14 所示,将 10kΩ 的可调电阻和 10kΩ 的固定电阻串联。

4)红色导线连接电源"＋"极和"＋5V",黑色导线连接"－"极和"地"插孔,如图 3-15 所示。

图 3-14　可调电阻和固定电阻串联示意图　　　　图 3-15　电源通电示意图

5)直流数字电压表置于直流电压 20V 档位,红色导线插入电压输入"＋"极,黑色导线插入"－"极,如图 3-16 所示。

6)测量 10kΩ 电阻两端的电压,如图 3-17 所示。

7)直流数字电流表的黄色导线插入"＋"极,黑色导线插入"－"极,测量电流,如

图 3-18 所示。

8）改变可调电阻的大小，测量电路中的电压和电流，如图 3-19 所示。

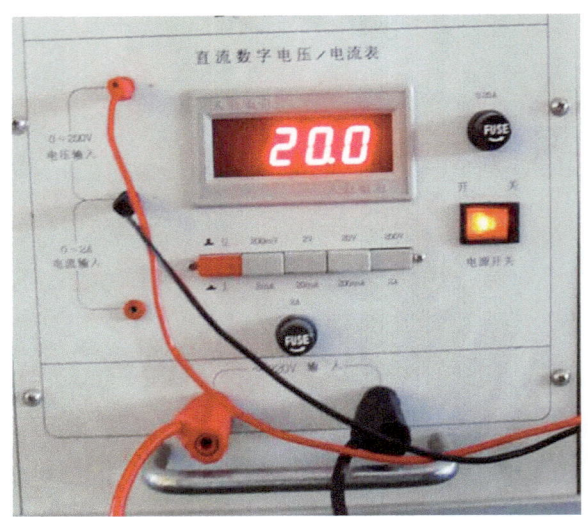

图 3-16　直流数字电压表测量电压示意图

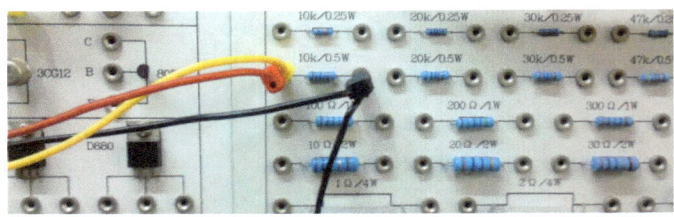

图 3-17　测量固定电阻示意图

图 3-18　直流数字电流表测电流示意图

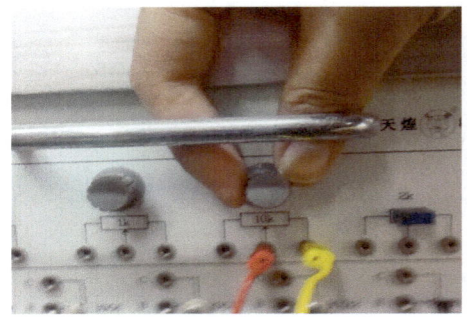

图 3-19　改变可调电阻阻值大小示意图

9）记录分析数据。

并联电路的欧姆定律验证步骤同上，只需在步骤 3）时，将两电阻并联连接即可。

4. 任务报告

姓名：　　　　　　　　班级：　　　　　　　　组号：

项　　目	操作要点及规范	完 成 情 况	结 果 说 明
1. 连接电路	根据电路图，连接电路	□是　□否	
2. 测量电压	直流数字电压表置于直流电压 20V 档位，红色导线插入电压输入"＋"极，黑色导线插入"－"极	□是　□否	
	红、黑色导线分别置于待测电压两端	□是　□否	
	记录数据	□是　□否	
3. 测量电流	直流数字电流表的黄色导线插入"＋"极，黑色导线插入"－"极	□是　□否	
	红、黑色导线串入电路中，测量电流	□是　□否	
	记录数据	□是　□否	
在小组中你的任务是什么			
你遇到了什么困难？你怎样解决			
在本任务实施中需要注意哪些事项			
教师点评			
成绩		指导老师	

5. 学生作业评分表

开始时间：　　　　　　结束时间：　　　　　　学生姓名：　　　　　　成绩：

序号	作业说明	配分	作业内容	评分标准	扣分	得分
1	穿戴个人防护用品及安全操作	10	正确穿戴个人防护用品	不按规定穿戴，每项扣1分，扣完为止		
		10	安全操作	出现安全事故扣10分（操作全过程中）；严重者指导老师有权终止其操作		
2	连接电路	10	根据电路图，连接电路	不能正确连接电路的，错一处扣3分，扣完为止		
3	串联电路	10	直流数字电压表置于直流电压 20V 档位，红色导线插入电压输入"＋"极，黑色导线插入"－"极	档位选择错误扣5分，红、黑表笔插入错误扣5分		
		10	红、黑色导线分别置于待测电压两端	红、黑表笔放置位置错误扣10分		
		5	记录数据	不会读取数据或单位错误扣5分		

（续）

序号	作业说明	配分	作业内容	评分标准	扣分	得分
4	并联电路	10	直流数字电流表的黄色导线插入"+"极,黑色导线插入"-"极	档位选择错误扣5分;红、黑表笔插入错误扣5分		
		10	红、黑导线串入电路中,测量电流	红、黑表笔放置位置错误扣10分		
		5	记录数据	不会读取数据或单位错误扣5分		
5	安全文明操作	10	5S	不尊重指导老师扣4分;操作完毕后,不进行工位清洁、工具设备复位、废物统一收纳各扣2分,扣完为止		
6	时间限制	10		超时1min扣1分,超过10min终止操作并扣10分		
7	合计	100				

指导老师签名：　　　　　　　　　　　　　　　　　　　　　年　　月　　日

任务三　串并联电路的制作

任务分析

串并联电路是电路中最基础的结构,复杂的电路拆分后,就是由一堆串并联电路组成。因此有必要仔细研究串并联电路的结构及其特点,重点分析两个电路的分压和分流作用。本次任务通过介绍串并联电路中电压、电流和电阻的关系,帮助学生理清串并联电路的特性,通过实际连接简单的串联和并联电路,测量电路中物理量之间的关系,进一步加深对其特性的理解。

教学目标

知识目标：掌握串并联电路的定义、特点。
技能目标：学会搭建简单的串并联电路并进行简单物理量的测量、分析。
情感目标：注意安全,勤于动手。

教学重点

串并联电路的结构、特点。

教学难点

串并联电路在结构、特点、应用上的区别。

[相关知识]

1. 串联电路

把几个电阻依次连接起来,组成中间无分支的电路,叫作串联电路,如图3-20所示。

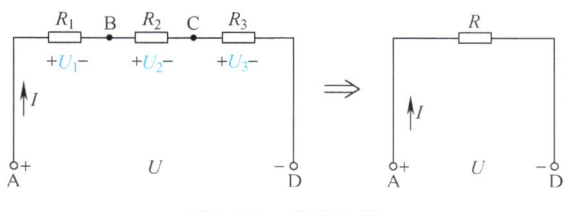

图3-20 串联电路

2. 串联电路的特点

串联电路中电流处处相等,即

$$I_1 = I_2 = I_3 = \cdots = I$$

电路两端的总电压等于串联电阻上的分电压之和,串联电路有分压的作用,即

$$U = U_1 + U_2 + U_3 + \cdots$$

电路的总电阻等于各串联电阻之和,即

$$R = R_1 + R_2 + R_3 + \cdots$$

3. 并联电路

把两个或者两个以上的电阻连接到电路中的两点之间,电阻两端承受同一个电压的电路,叫作并联电路,如图3-21所示。

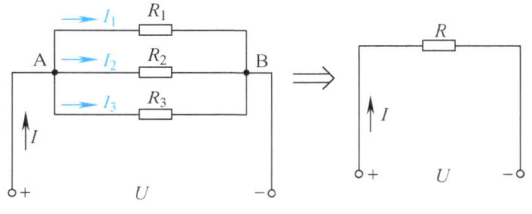

图3-21 并联电路

4. 并联电路的特点

并联电路中各个电阻两端的电压相同,即

$$U = U_1 = U_2 = U_3 = \cdots$$

并联电路的总电流等于各支路电流之和,并联电路具有分流的作用,即

$$I = I_1 + I_2 + I_3 + \cdots$$

并联电路的总电阻的倒数等于各并联电阻倒数之和,即

$$\frac{1}{R} = \frac{1}{R_1} + \frac{1}{R_2} + \frac{1}{R_3} + \cdots$$

[任务实施]

1. 器材准备

教学仪器一台,数字万用表一块。

2. 注意事项

1)保证人员的安全。

2)保证万用表无损坏。

3)保持工作环境的整洁。

4)熟练掌握基本实验过程。

3. 串并联电路制作与测量

制作电路,将一个10kΩ和一个20kΩ的电阻串联(并联),并测量其电压、电流。步骤如下。

1)给电源模块通电,如图3-22所示。

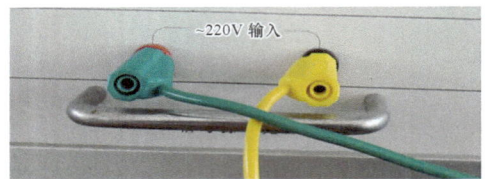
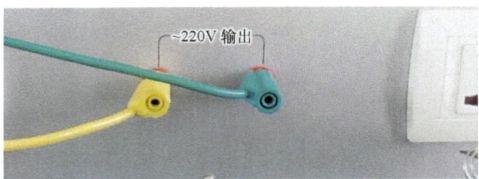

图 3-22　电源模块通电示意图

2）给测量仪表单元模块通电，如图 3-23 所示。

3）将一个 10kΩ 和 20kΩ 的电阻串联接入电路中，如图 3-24 所示。

4）检查电路，通电。测量 20kΩ 电阻上的电压，如图 3-25 所示；记录万用表的读数，如图 3-26 所示。

图 3-23　测量仪表单元模块通电示意图

图 3-24　两个固定电阻串联示意图

图 3-25　20kΩ 电阻的电压测量

图 3-26　万用表电压读数

5）测量 10kΩ 电阻上的电压，如图 3-27 所示；记录万用表的读数，如图 3-28 所示。

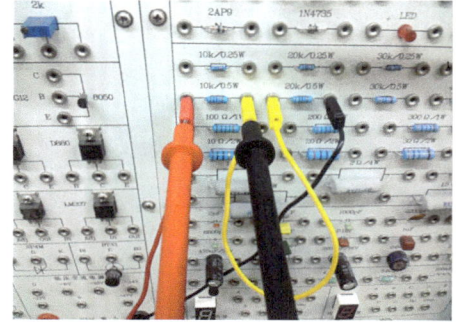

图 3-27　10kΩ 电阻的电压测量

图 3-28　万用表电压读数

6）将一个 10kΩ 和 20kΩ 的电阻并联接入电路中，如图 3-29 所示。

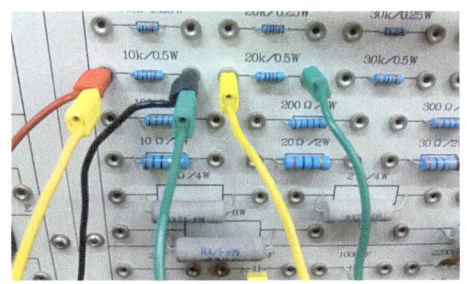

图 3-29 两个固定电阻并联示意图

7）分别测量 10kΩ 和 20kΩ 的电阻两端的电压，如图 3-30、图 3-31 所示。

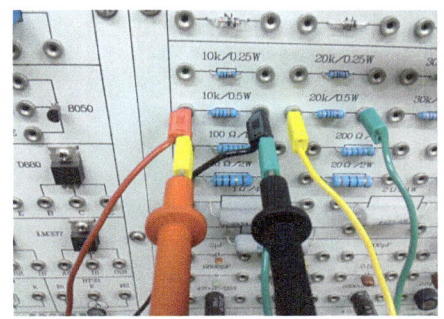

图 3-30　10kΩ 电阻电压测量

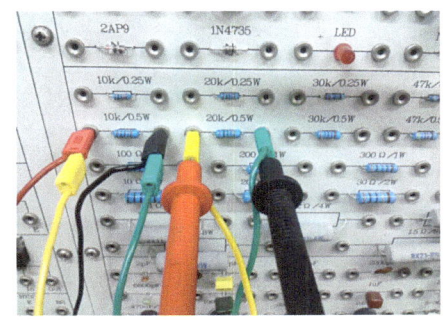

图 3-31　20kΩ 电阻电压测量

8）记录分析数据。

4. 任务报告

姓名：　　　　　　　　班级：　　　　　　　　组号：

项　　目	操作要点及规范	完 成 情 况	结 果 说 明
1. 串联电路	根据串联电路原理图进行连接	□是　□否	
	用数字万用表测量各白炽灯的阻值、电压、电流	□是　□否	
	记录数据	□是　□否	
2. 并联电路	根据并联电路原理图进行连接	□是　□否	
	用数字万用表测量各白炽灯的阻值、电压、电流	□是　□否	
	记录数据	□是　□否	
在小组中你的任务是什么			
你遇到了什么困难？你怎样解决			
在本任务实施中需要注意哪些事项			
教师点评			
成绩		指导老师	

5. 学生作业评分表

开始时间：　　　　结束时间：　　　　学生姓名：　　　　成绩：

序号	作业说明	配分	作业内容	评分标准	扣分	得分
1	穿戴个人防护用品及安全操作	10	正确穿戴个人防护用品	不按规定穿戴，每项扣1分，扣完为止		
		10	安全操作	出现安全事故扣10分（操作全过程中）；严重者指导老师有权终止其操作		
2	串联电路	15	连接电路	不能正确连接电路的，错一处扣3分，扣完为止		
		15	用万用表进行测量	用万用表测量电压、电流、电阻，每一项5分		
		5	记录数据	不会读取数据或单位错误扣5分		
3	并联电路	15	连接电路	不能正确连接电路的，错一处扣3分，扣完为止		
		15	用万用表进行测量	用万用表测量电压、电流、电阻，每一项5分		
		5	记录数据	不会读取数据或单位错误扣5分		
4	安全文明操作	5	5S	不尊重指导老师扣2分；操作完毕后，不进行工位清洁、工具设备复位、废物统一收纳各扣1分，扣完为止		
5	时间限制	5		超时1min扣1分，超过10min终止操作并扣5分		
6	合计	100				

指导老师签名：　　　　　　　　　　　　　　　　　　年　　月　　日

任务四　基尔霍夫定律的验证

任务分析

基尔霍夫定律（Kirchhoff laws）是电路中电压和电流所遵循的基本规律，是分析和计算较为复杂电路的基础，1845年由德国物理学家G.R.基尔霍夫（Gustav Robert Kirchhoff, 1824~1887）提出。基尔霍夫定律包括基尔霍夫电流定律（KCL）和基尔霍夫电压定律（KVL）。本次任务通过学习基尔霍夫定律，并通过实验的方式验证其准确性，提供一种在电路检测中应用基尔霍夫定律的方法。

教学目标

知识目标：掌握基尔霍夫电流定律和基尔霍夫电压定律。
技能目标：学会搭建简单的电路验证基尔霍夫电流定律和基尔霍夫电压定律。
情感目标：注意安全，勤于动手。

教学重点

掌握基尔霍夫电压定律和基尔霍夫电流定律的定义。

教学难点

掌握基尔霍夫电压定律的应用。

[相关知识]

电路分析中，欧姆定律是处理单个元件上的物理量之间的约束关系，而处理电路中多个元器件之间的约束关系就要用到基尔霍夫定律。基尔霍夫定律是电路分析的基本定律。

1. 常用电路名词

（1）支路 电路中具有两个端子且通过同一电流的无分支电路。图 3-32 所示电路中的 AF、BE、CD 均为支路，该电路的支路数目为 $b = 3$。

（2）节点 电路中三条或三条以上支路的连接点。如图 3-32 所示电路的节点为 A、E 两点，该电路的节点数目为 $n = 2$。

（3）回路 电路中任一闭合的路径。如图 3-32 所示电路中的 ABEF、BCDE、ABCDEF 路径均为回路，该电路的回路数目为 $l = 3$。

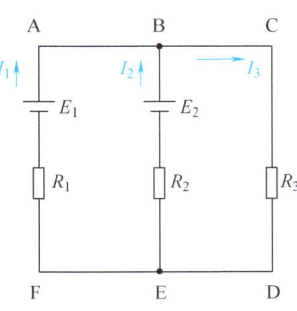

图 3-32 常用电路名词的说明

2. 基尔霍夫电流定律

基尔霍夫电流定律（KCL）的第一种表述：在任一时刻，电路中流入任一节点中的电流之和恒等于从该节点流出的电流之和，即

$$\sum I_{流入} = \sum I_{流出}$$

例如在图 3-33 中，在节点 A 处有 $I_1 + I_3 = I_2 + I_4 + I_5$

基尔霍夫电流定律的第二种表述：在任一时刻，电路中任一节点上的各支路电流代数和恒等于零，即

$$\sum I = 0$$

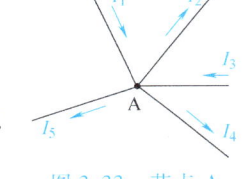

图 3-33 节点 A 处的电流

一般，流入节点的电流取"＋"号，流出节点的电流取"－"号，反之亦可。例如，在图 3-31 中，在节点 A 处有 $I_1 - I_2 + I_3 - I_4 - I_5 = 0$。

例 如图 3-34 所示电桥电路，已知 $I_1 = 25\text{mA}$，$I_3 = 16\text{mA}$，$I_4 = 12\text{mA}$，试求其余电阻中的电流 I_2、I_5、I_6。

解

在节点 a 处，有

$I_1 = I_2 + I_3$，则 $I_2 = I_1 - I_3 = 25\text{mA} - 16\text{mA} = 9\text{mA}$

在节点 d 处，有

$I_1 = I_4 + I_5$，则 $I_5 = I_1 - I_4 = 25\text{mA} - 12\text{mA} = 13\text{mA}$

在节点 b 处，有

$I_2 = I_6 + I_5$，则 $I_6 = I_2 - I_5 = 9\text{mA} - 13\text{mA} = -4\text{mA}$

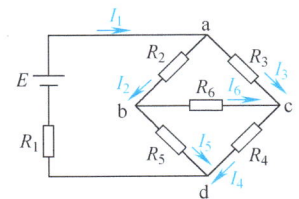

图 3-34 电桥电路

电流 I_2 与 I_5 均为正数，表明它们的实际方向与图中所标定的参考方向相同，I_6 为负数，表明它的实际方向与图中所标定的参考方向相反。

3. 基尔霍夫电压定律

基尔霍夫电压定律（KVL）：在任一时刻，沿着电路中的任一回路绕行方向，回路中各

段电压的代数和恒等于零,即

$$\sum U = 0$$

以图 3-35 电路说明基尔霍夫电压定律。沿着回路 abcdea 绕行方向,有

$$U_{ac} = U_{ab} + U_{bc} = R_1 I_1 + E_1$$
$$U_{ce} = U_{cd} + U_{de} = -R_2 I_2 - E_2$$
$$U_{ea} = R_3 I_3$$

则

$$U_{ac} + U_{ce} + U_{ea} = 0$$

即

$$R_1 I_1 + E_1 - R_2 I_2 - E_2 + R_3 I_3 = 0$$

上式也可写成

$$R_1 I_1 - R_2 I_2 + R_3 I_3 = -E_1 + E_2$$

图 3-35 回路上的电流和电压

对于电阻电路来说,任一时刻,在任一闭合回路中,各段电阻上的电压降代数和等于各电源电动势的代数和,即

$$\sum RI = \sum E$$

[任务实施]

1. 器材准备

教学仪器一台,数字万用表一块。

2. 注意事项

1)保证人员的安全。
2)保证万用表无损坏。
3)保持工作环境的整洁。
4)熟练掌握基本实验过程。

3. 实验电路制作与验证

如图 3-36 所示的电路图,其中 E_1、E_2 分别为 5V 和 12V,电阻 R_1、R_2 和 R_3 分别为 10kΩ、20kΩ 和 30kΩ。针对节点 B 和回路 ABCDEF 验证基尔霍夫电流定律和基尔霍夫电压定律。

1)给电源模块通电,如图 3-37 所示。
2)给测量仪表单元模块通电,直流电源模块如图 3-38 所示。

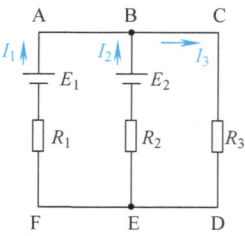

图 3-36 验证电路图

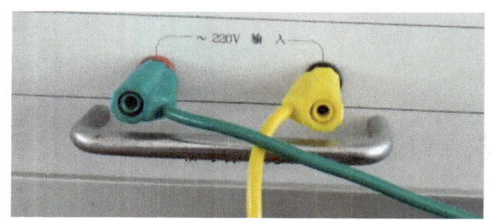
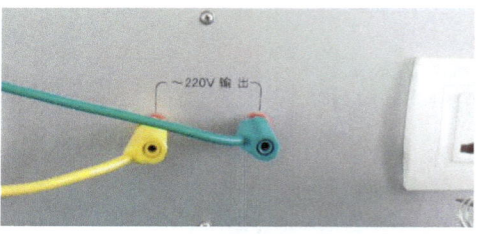

图 3-37 电源模块通电电路图

3）将一个 5V 直流电源和 10kΩ 的电阻串联接入电路中，连接 AF 支路，如图 3-39，图 3-40 所示。

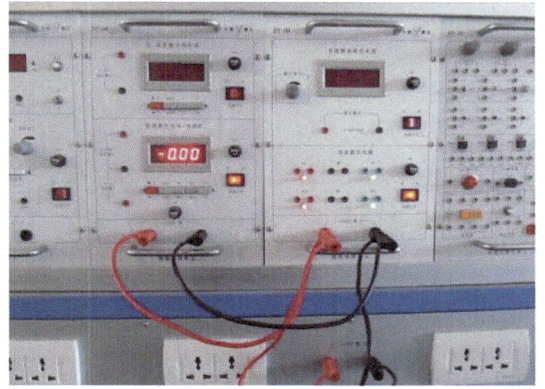

图 3-38　测量仪表单元模块通电示意图

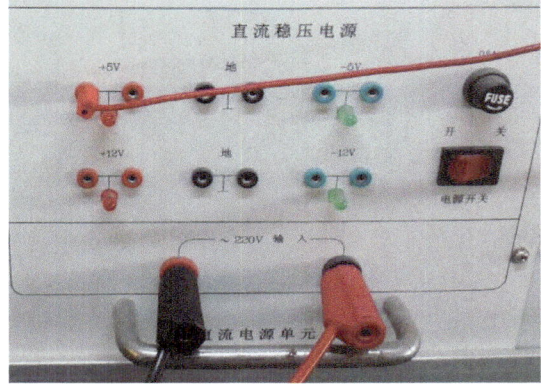

图 3-39　接入 5V 直流电源

4）将一个 12V 直流电源和 10kΩ 的电阻串联接入电路中，连接 BE 支路，如图 3-41、图 3-42 所示。

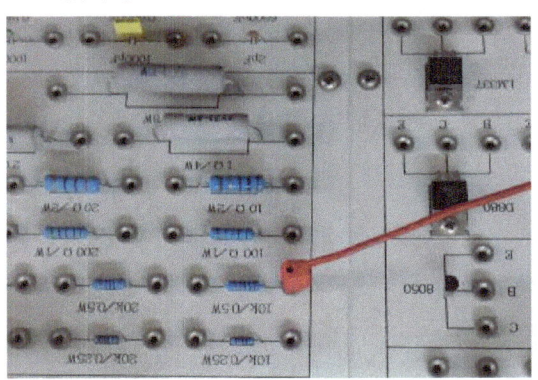

图 3-40　接入 10kΩ 电阻

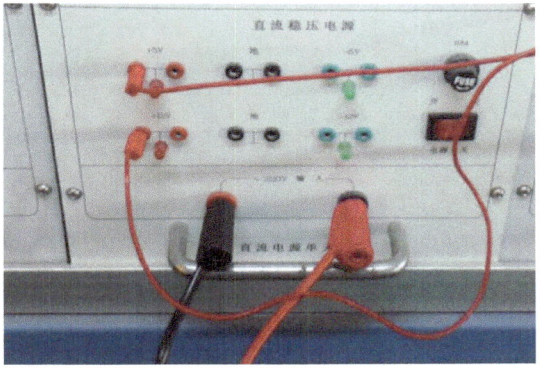

图 3-41　接入 12V 直流电源

5）将两个 10kΩ 的电阻另一端接在同一点 B 上，在 B 点和 E 点之间接入 20kΩ 电阻，如图 3-43、图 3-44 所示。

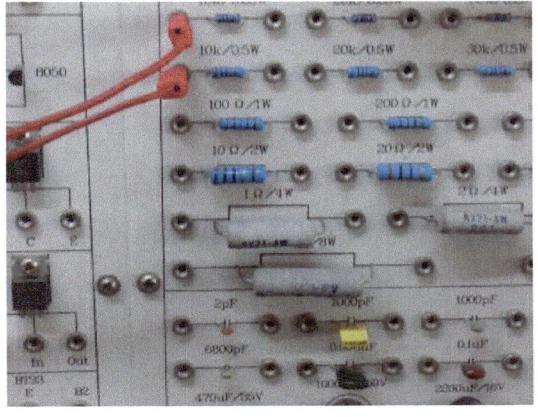

图 3-42　接入 10kΩ 电阻

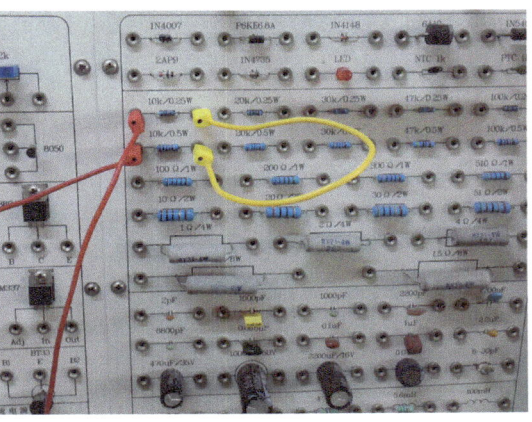

图 3-43　A、B 两点接在一起

6）再一次检测电路，通电观察，如图3-45所示。

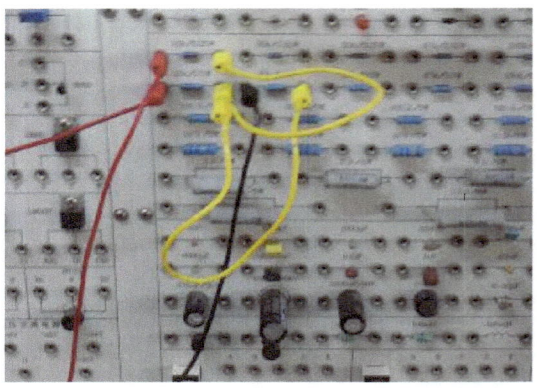

图3-44　20kΩ电阻接电源负极

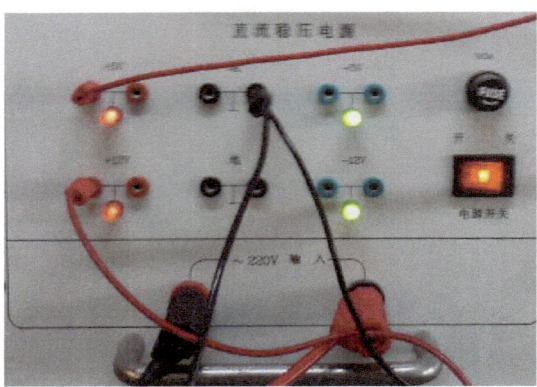

图3-45　直流电源通电示意图

7）测量R_1电阻两端的电压，如图3-46、图3-47所示。

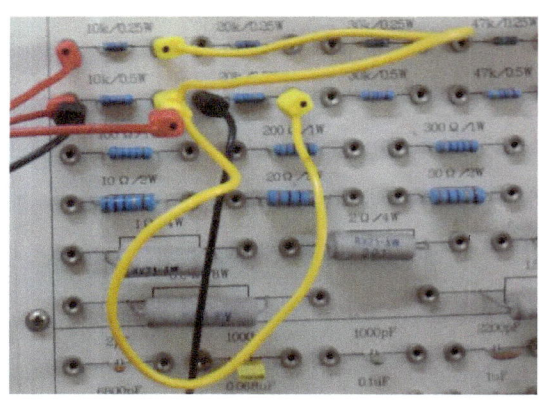

图3-46　将红、黑测量线连接在R_1电阻两端

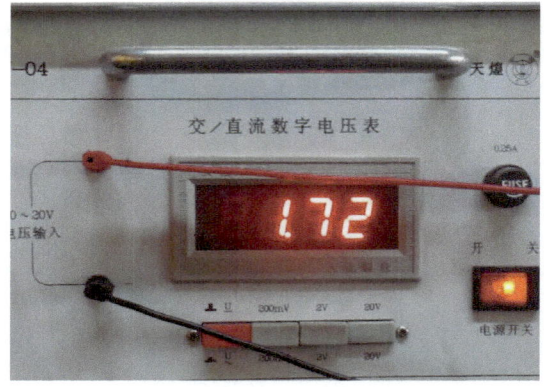

图3-47　R_1电阻两端电压显示

8）测量R_2电阻两端的电压，如图3-48、图3-49所示。

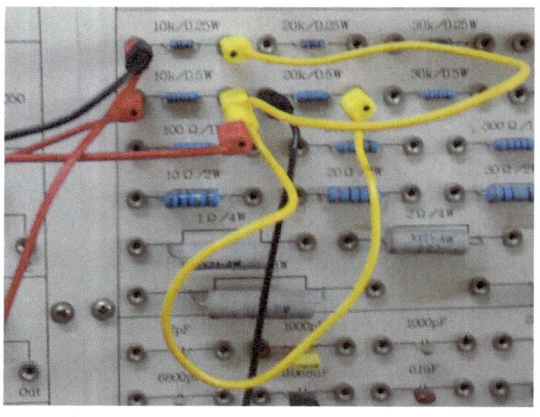

图3-48　将红、黑测量线连接在R_2电阻两端

图3-49　R_2电阻两端电压显示

9）测量 R_3 电阻两端的电压，如图3-48所示。

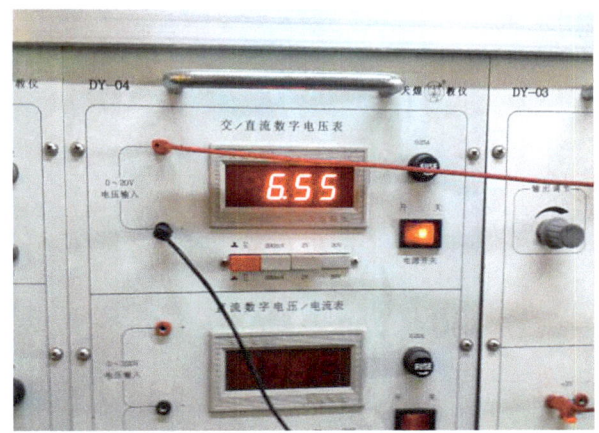

图 3-50　R_3 电阻两端电压显示

10）记录分析数据。

4. 任务报告

姓名：　　　　　　　　　　班级：　　　　　　　　　　组号：

项　　目	操作要点及规范	完 成 情 况	结 果 说 明
1. KCL 定律验证	根据电路原理图进行连接	□是　□否	
	用数字万用表测量各个电阻的电压	□是　□否	
	记录数据，验证 KCL 定律	□是　□否	
2. KVL 定律验证	根据电路原理图进行连接	□是　□否	
	用数字万用表测量各个电阻的电压	□是　□否	
	记录数据，验证 KVL 定律	□是　□否	
在小组中你的任务是什么			
你遇到了什么困难？你怎样解决			
在本任务实施中需要注意哪些事项			
教师点评			
成绩		指导老师	

5. 学生作业评分表

开始时间：　　　　　结束时间：　　　　　学生姓名：　　　　　成绩：

序号	作业说明	配分	作业内容	评分标准	扣分	得分
1	穿戴个人防护用品及安全操作	10	正确穿戴个人防护用品	不按规定穿戴，每项扣1分，扣完为止		
		10	安全操作	出现安全事故扣10分（操作全过程中）；严重者指导老师有权终止其操作		
2	电路连接	15	连接电路	不能正确连接电路的，错一处扣3分，扣完为止		
		15	用万用表进行测量	用万用表测量电压、电流、电阻，每一项5分		
		5	记录数据	不会读取数据或单位错误扣5分		
3	分析数据	15	根据电阻、电压计算 I_1、I_2 和 I_3	不能正确计算出电流的，错一处扣5分，扣完为止		
		15	验证KCL定律	通过数据列出KCL方程，验证结果		
		5	验证KVL定律	通过数据列出KVL方程，验证结果		
4	安全文明操作	5	5S	不尊重指导老师扣4分；操作完毕后，不进行工位清洁、工具设备复位、废物统一收纳各扣2分，扣完为止		
5	时间限制	5		超时1min扣1分，超过10min终止操作并扣10分		
6	合计	100				

指导老师签名：　　　　　　　　　　　　　　　　　　　　　年　　月　　日

项目四

交流信号的测量

本项目介绍了信号发生器和函数示波器的作用及使用方法，同时介绍了直流信号和交流信号两个概念。在电路信号测量时，应注意不同信号的区分和读取，通过观察信号获取电路中的信息。

学习目标

熟练使用信号发生器和函数示波器，了解直流信号和交流信号的区别，熟练读取交流信号。

任务一　信号发生器的使用

任务分析

交流信号广泛存在于汽车电路中，有时候需要人为地产生一些特定参数的电测试信号，来检测电气设备。信号发生器就是一种能够产生各种波形的电信号的设备。

教学目标

知识目标：认识信号发生器的面板，了解信号发生器的作用。
技能目标：学会使用信号发生器产生不同的信号。
情感目标：注意安全，勤于动手。

教学重点

使用信号发生器产生不同的波形。

教学难点

正弦波和三角波的产生步骤。

[相关知识]

1. 信号发生器的作用

信号发生器又称信号源或振荡器,它用于产生被测电路所需特定参数的电测试信号。信号发生器按信号波形可分为正弦信号、函数(波形)信号、脉冲信号和随机信号发生器四大类,在生产实践和科技领域中有着广泛的应用。各种波形曲线均可以用三角函数方程式来表示,能够产生多种波形如三角波、锯齿波、矩形波(含方波)、正弦波的电路被称为信号发生器。例如,要做一个音频放大电路以及数显电容计,为了观察每一个电路工作是否正常,就需要用信号发生器在其输入端输入一个一定频率和幅值的周期性的波形。在汽车电路中为了判断电子控制单元(ECU)能否读取转速传感器的信号,需要输入周期变化的波形,并改变频率,这里也需要用到信号发生器。

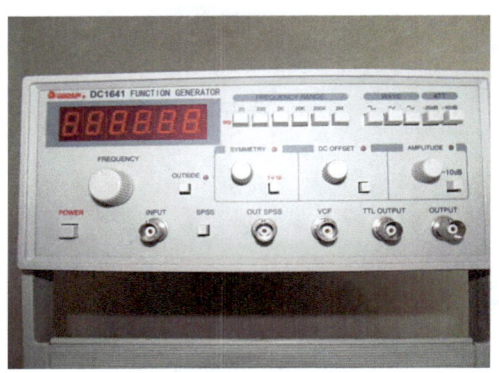

图 4-1 信号发生器

信号发生器如图 4-1 所示。

2. 函数信号发生器的组成

为了了解函数信号发生器的使用,以 DC1641 信号发生器为例进行介绍,其控制面板如图 4-2 所示。

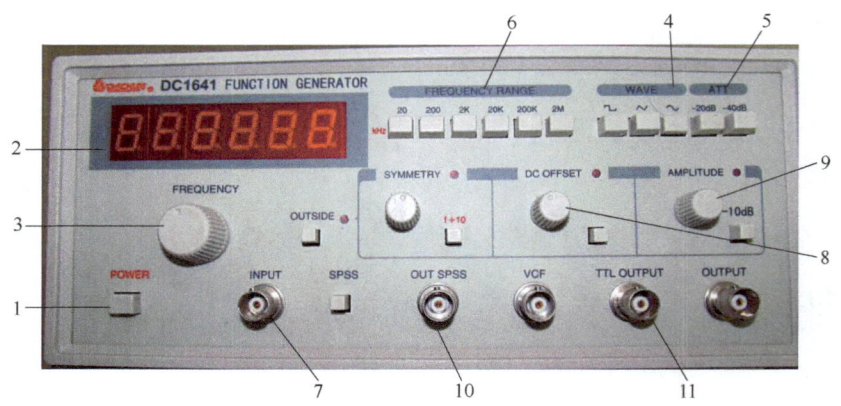

图 4-2 DC1641 信号发生器的控制面板

电源开关(POWER)1:将电源开关按键弹出,即为"关"位置,将电源线接入,按下电源开关,表示接通电源。

LED 显示窗口 2：此窗口指示输出信号的频率，当"外测"开关按下时，则显示外测信号的频率。

频率调节旋钮（FREQUENCY）3：调节此旋钮可改变输出信号的频率，顺时针旋转则频率增大，逆时针旋转则频率减小，利用此旋钮还可以微调频率。

波形选择开关（WAVE）4：按下对应波形的按钮，可选择需要的波形。

衰减开关（ATT）5：电压输出衰减开关，二档开关组合为 -20dB、-40dB 和 -60dB。

频率范围选择开关（并兼频率计闸门开关）6：根据所需要的频率，按下其中一个按钮。函数信号发生器默认为 10k 档正弦波。

计数/频率端口（INPUT）7：计数、外测频率输入端口。

电平调节开关（DC OFFSET）8：按下电平调节开关，电平指示灯亮，此时调节电平调节旋钮可改变直流的偏置电平。

幅度调节旋钮（AMPLITUDE）9：顺时针调节此旋钮，可增大电压输出幅度；逆时针调节此旋钮，可减小电压输出幅度。

电压输出端口（OUT SPSS）10：电压由此端口输出。

TTL 输出端口（TTL OUTPUT）11：由此端口输出 TTL 电平信号。

[任务实施]

1. 器材准备

DC 1641 信号发生器一台。

2. 注意事项

1）保证人员、信号发生器的安全。

2）保持工作环境的整洁。

3）熟练掌握信号发生器的维护基本流程。

3. 信号发生器的使用

1）打开电源开关，按下 POWER 按钮，如图 4-3 中箭头所示。

2）选择需要的波形，按下波形选择开关，选择正弦波，如图 4-4 中箭头所示。

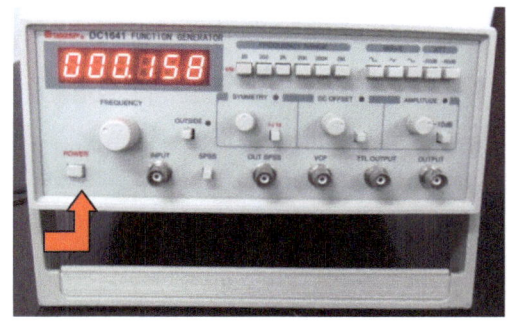

图 4-3　打开电源开关

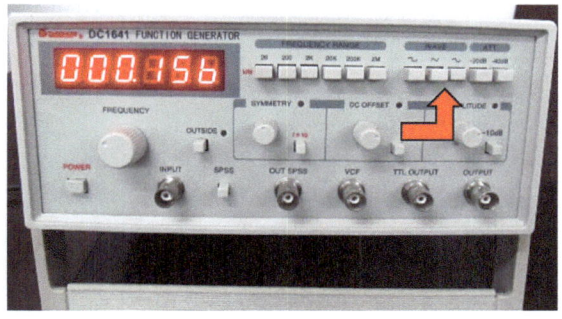

图 4-4　选择波形

3）用频率选择开关粗调频率，频率范围选择开关选择 2k 档，如图 4-5 中箭头所示。

4）微调频率，调节频率选择开关，如图 4-6 中箭头所示，显示 1kHz 的频率。

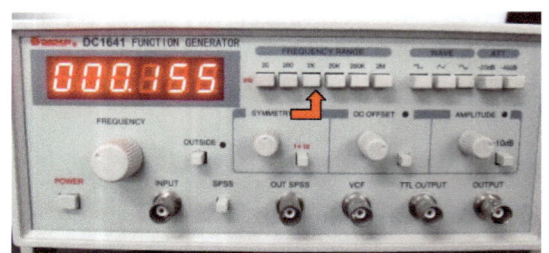 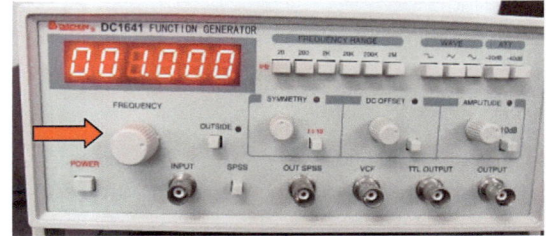

图 4-5　粗调频率　　　　　　　　　　　　图 4-6　微调频率

5）用幅度调节旋钮调节信号幅值，转动幅度调节旋钮，如图 4-7 中箭头所示。

6）利用电平调节开关改变信号直流偏移量，转动电平调节旋钮，如图 4-8 中箭头所示。

7）按下波形选择开关的矩形波和三角波按钮，产生矩形波和三角波。

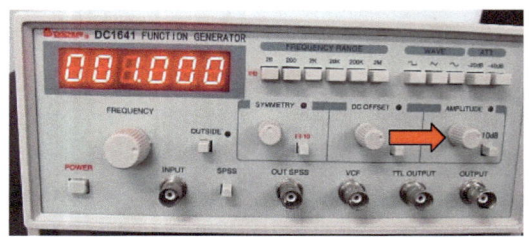 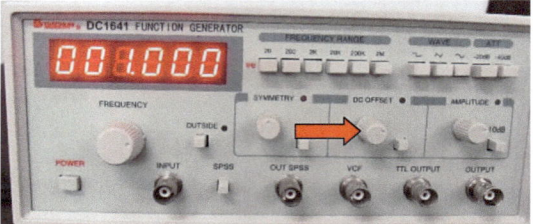

图 4-7　调节信号幅值　　　　　　　　　　图 4-8　改变信号直流偏移量

4. 任务报告

姓名：　　　　　　　　　　　　　　班级：　　　　　　　　　　　　组号：

项　目	操作要点及规范	完成情况	结果说明
1. 工作服整洁、无配饰、钥匙、手表和手机		□是　□否	
2. 打开电源开关		□是　□否	
3. 选择需要的波形		□是　□否	
4. 频率选择开关粗调频率		□是　□否	
5. 微调频率		□是　□否	
6. 幅度调节旋钮调节信号幅值		□是　□否	
7. 电平调节开关改变信号直流偏移量		□是　□否	
8. 填写工单		□是　□否	
9. 5S 工作		□是　□否	
10. 元器件无落地现象		□是　□否	
11. 遵守相关安全规范		□是　□否	
你遇到了什么困难？你怎样解决			
在本任务实施中需要注意哪些事项			
教师点评			
成绩		指导老师	

5. 学生作业评分表

开始时间：　　　　　结束时间：　　　　　学生姓名：　　　　　成绩：

序号	作业说明	配分	作业内容	评分标准	扣分	得分
1	穿戴个人防护用品及安全操作	5	正确穿戴个人防护用品	不按规定穿戴，每项扣 0.5 分，扣完为止		
		5	安全操作	出现安全事故扣 5 分（操作全过程中）；严重者指导老师有权终止其操作		
2	选择波形	10	打开电源开关，按 POWER 按钮	电源开关找错扣 2 分，档位选择错误扣 5 分		
		10	选择需要的波形	档位选择错误扣 5 分		
3	调节频率	10	频率选择开关粗调频率	档位选择错误扣 5 分		
		10	微调频率	档位选择错误扣 2 分，没有调到规定频率扣 5 分		
4	调节幅值	15	幅度调节旋钮调节信号幅值	档位选择错误扣 5 分，幅值没有调到扣 10 分		
5	调节直流偏移量	15	电平调节改变信号直流偏移量	档位选择错误扣 5 分，幅值没有调到扣 10 分		
6	填写测量结果	10	正确填写测量结果并关闭万用表电源	填写不正确扣 2 分		
				忘记关闭电源扣 5 分		
7	安全文明操作	5	5S	不尊重指导老师扣 2 分；操作完毕后，不进行工位清洁、工具设备复位、废物统一收纳各扣 1 分，扣完为止		
8	时间限制	5		超时 1min 扣 1 分，超过 5min 终止操作并扣 5 分		
9	合计	100				

指导老师签名：　　　　　　　　　　　　　　　　　　　　　　年　　月　　日

任务二　示波器的使用

任务分析

电路中存在各种肉眼看不见的电信号，为了能直观地观察信号的参数及变化情况，需要一种设备进行转换。示波器就是这样一种被广泛使用的信号测量仪器，在汽车电路检测中有着重要的应用。电火花的火花线、传感器的信号等都可以依靠示波器进行测量。本任务中，将主要熟悉示波器的面板，并学会利用示波器测量简单的交流信号。

教学目标

知识目标：认识示波器的面板，了解示波器的作用。
技能目标：学会使用示波器测量不同的波形。
情感目标：注意安全，勤于动手。

教学重点

示波器测量信号的步骤。

教学难点

示波器测得信号的读取。

[相关知识]

1. 示波器的作用

示波器是一种用途十分广泛的电子测量仪器。它能把肉眼看不见的电信号变换成看得见的图像，便于人们研究各种电现象的变化过程，如图4-9所示。示波器利用狭窄的、由高速电子组成的电子束，打在涂有荧光物质的屏面上，就可产生细小的光点。在被测信号的作用下，电子束就好像一支笔的笔尖，可以在屏面上描绘出被测信号瞬时值的变化曲线。利用示波器能观察各种不同信号幅度随时间变化的波形曲线，还可以用它测量各种不同的电量，如电压、电流、频率、相位差、调幅度等。

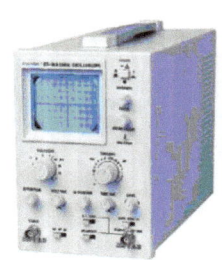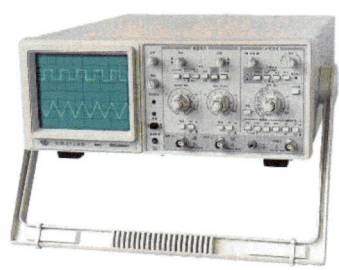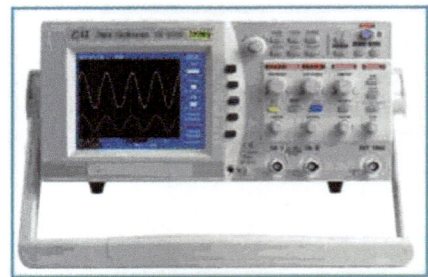

图4-9 示波器

2. 认识示波器

（1）示波器控制面板 以 DC4322C 示波器为例，其控制面板如图4-10所示。
POWER 键 1：电源开关按键。
荧光屏幕 2：显示输入信号，可以调节亮度和聚焦。
校准信号输出 3：1kHz 、$V_{P-P}=2V$ 的方波。
垂直方式 4：选择垂直系统的工作方式。
CH1：只显示 CH1 通道的信号。

项目四　交流信号的测量

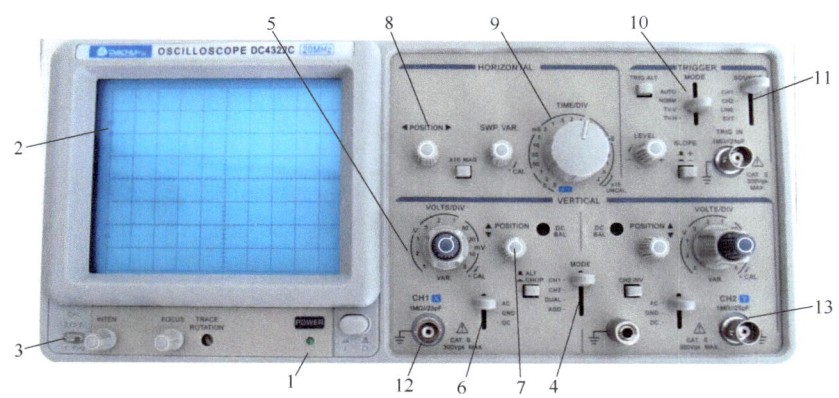

图 4-10　示波器的控制面板

CH2：只显示 CH2 通道的信号。

DUAL（交替）：用于同时观察两路信号，此时两路信号交替显示，该方式适合于在扫描速率较快时使用。

ADD（叠加）：用于显示两路信号相加的结果。

灵敏度选择开关（VOLTS/DIV）5：选择垂直轴的偏转系数，从 5mV/div～5V/div 分 10 个档级调整，可根据被测信号的电压幅度选择合适的档级，如图 4-11 所示。

微调：用以连续调节垂直轴偏转系数，调节范围≥2.5 倍，该旋钮逆时针旋足时为校准位置，此时可根据"VOLTS/DIV"开关刻度盘位置和屏幕显示幅度读取该信号的电压值。

耦合方式 6：垂直通道的输入耦合方式选择。

AC：信号中的直流分量被隔开，用以观察信号的交流成分。

DC：信号与仪器通道直接耦合，当需要观察信号的直流分量或被测信号的频率较低时应选用此方式。

GND：输入端处于接地状态，用以确定输入端为零电位时光迹所在的位置。

垂直位移 7：用以调节光迹在垂直方向的位置。

水平位移 8：用以调节光迹在水平方向的位置。

扫描速率选择开关（TIME/DIV）9：根据被测信号的频率高低，选择合适的档级，如图 4-12 所示。当扫描"微调"置校准位置时，可根据刻度盘的位置和波形在水平轴的距离读出被测信号的时间参数。

图 4-11　灵敏度选择开关

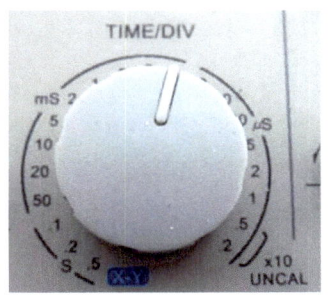

图 4-12　扫描速率选择开关

55

扫描方式10：选择产生扫描的方式。

AUTO（自动）：当无触发信号输入时，屏幕上显示扫描光迹，一旦有触发信号输入，电路自动转换为触发扫描状态，调节电平可使波形稳定地显示在屏幕上，此方式适合观察频率在50Hz以上的信号。

NORM（常态）：无信号输入时，屏幕上无光迹显示，有信号输入，且触发电平旋钮在合适位置上时，电路被触发扫描，当被测信号频率低于50Hz时，必须选择该方式。

TV-V（锁定）：仪器工作在锁定状态后，无需调节电平即可使波形稳定地显示在屏幕上。

TV-H（单次）：用于产生单次扫描，进入单次状态后，按动复位键，电路工作在单次扫描方式，扫描电路处于等待状态，当触发信号输入时，扫描只产生一次，下次扫描需再次按动复位按键。

触发源11：用于选择不同的触发源。

CH1：在双踪显示时，触发信号来自CH1通道，单踪显示时，触发信号则来自被显示的通道。

CH2：在双踪显示时，触发信号来自CH2通道，单踪显示时，触发信号则来自被显示的通道。

LINE：在双踪交替显示时，触发信号交替来自于两个Y通道，此方式用于同时观察两路不相关的信号。

EXT：触发信号来自于外接输入端口。

CH1 12：CH1通道输入端。

CH2 13：CH2通道输入端。

（2）示波器探头　图4-13所示为示波器无源探头，黑色鳄鱼夹为搭铁线，探头分为两个部分，内部为探针。

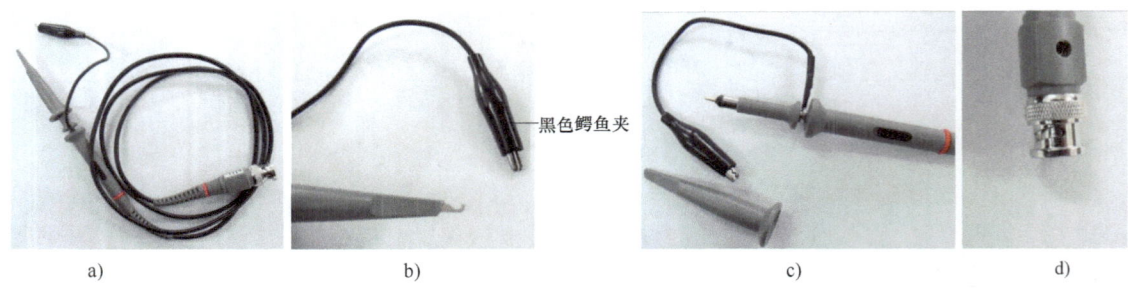

图4-13　示波器无源探头

3. 示波器信号的读取

示波器信号显示如图4-14所示。

横轴：与扫描速率选择开关（TIME/DIV）有关，扫描速率选择开关选择的档位，表示每格的时间。例如，扫描速率选择开关选择50μs，图4-14所示的波形周期为 $T = 6.4 \times 50\mu s = 0.32ms$。

纵轴：与灵敏度选择开关（VOLTS/DIV）有关，灵敏度选择开关选择的档位，表示每格的电压。例如,灵敏度选择开关选择 0.5V,图 4-14 所示的波形幅值为 $2 \times 0.5V = 1V$。

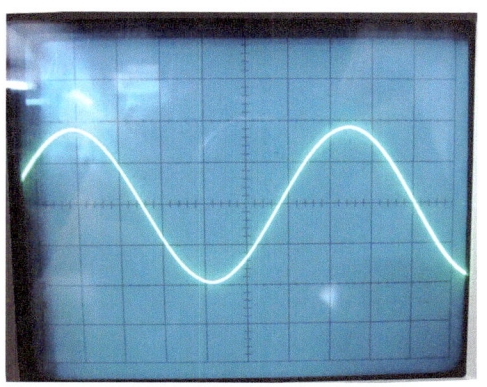

[任务实施]

1. 器材准备

DC4322C 示波器一台。

2. 注意事项

1)保证人员、示波器的安全。

2)保持工作环境的整洁。

3)熟练掌握示波器基本操作流程。

3. 示波器的使用

1)打开电源开关,如图 4-15 中箭头所示。

图 4-14 示波器信号显示

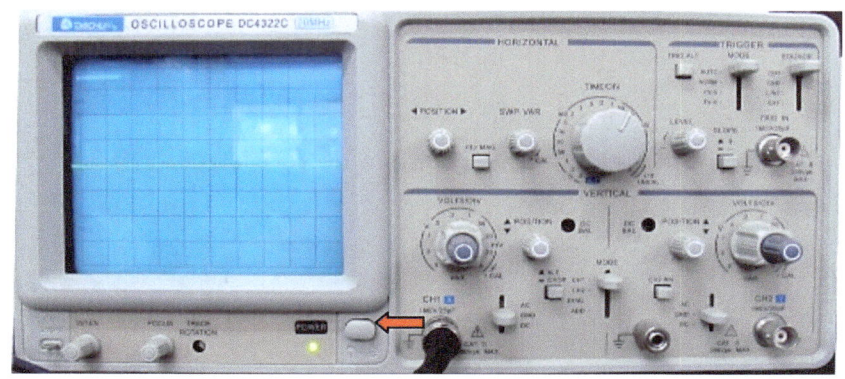

图 4-15 打开电源开关

2)使触发方式开关置于"AUTO",如图 4-16 中箭头所示。

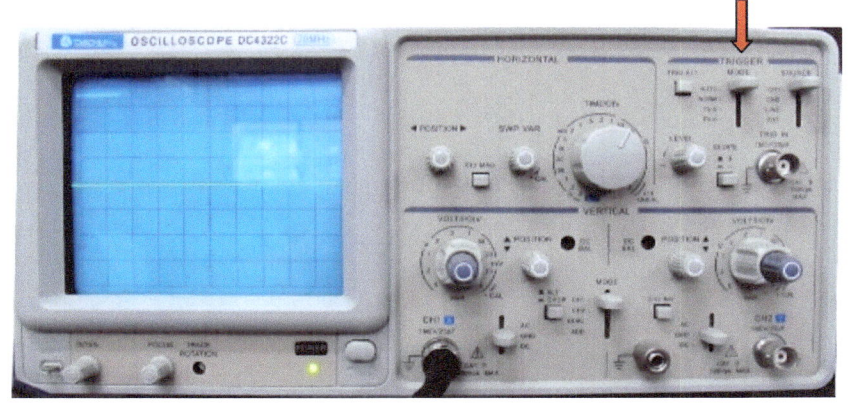

图 4-16 选择触发方式

3)将 1kHz 正弦信号从示波器 CH1 输入。

4）垂直方式选择 CH1，如图 4-17 中箭头所示。

5）调节灵敏度选择开关，如图 4-18 中箭头所示；观察波形变化，如图 4-19 所示。

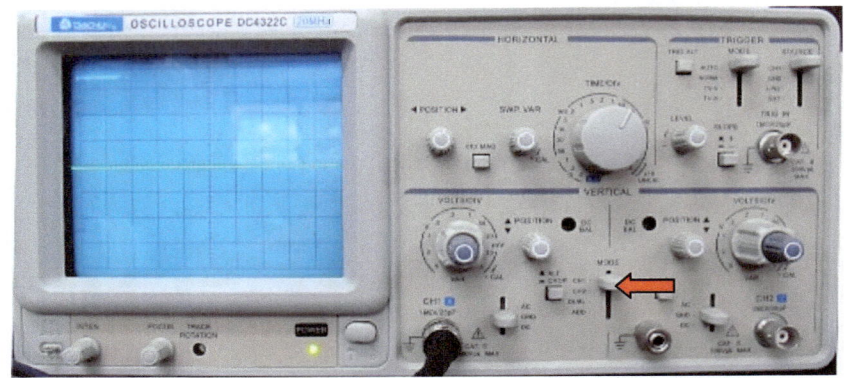

图 4-17　选择垂直方式

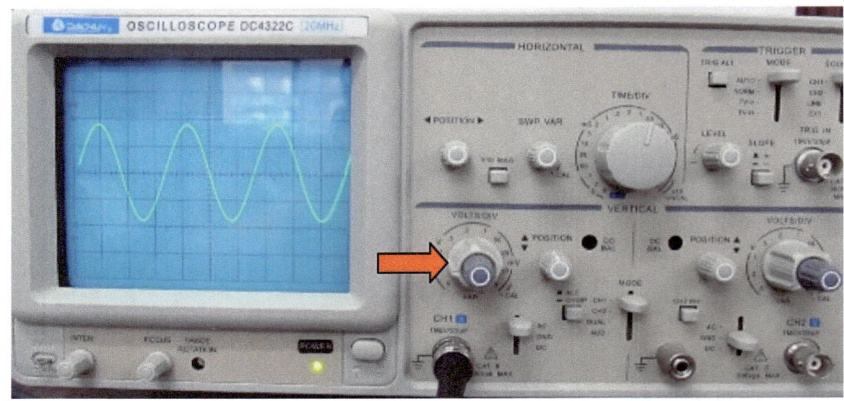

图 4-18　调节灵敏度选择开关

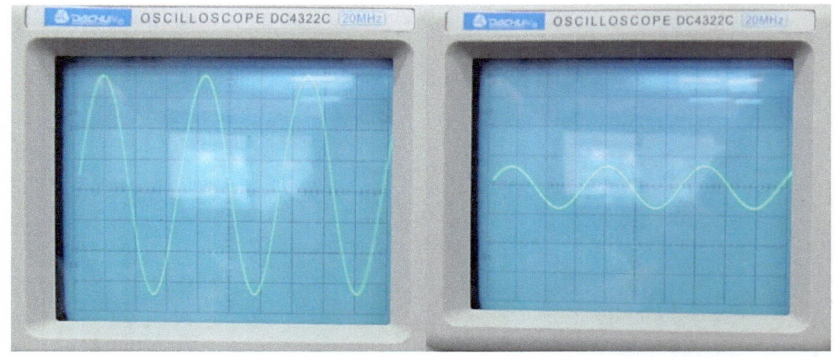

图 4-19　观察波形变化

6）调节扫描速率选择开关，如图 4-20 中箭头所示；观察波形变化，如图 4-21 所示。

7）调节耦合方式开关，如图 4-22 中箭头所示，观察波形变化。

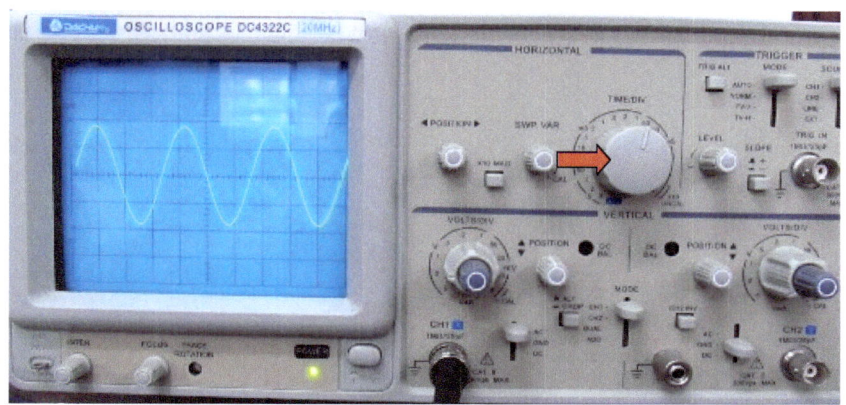

图 4-20　调节扫描速率选择开关

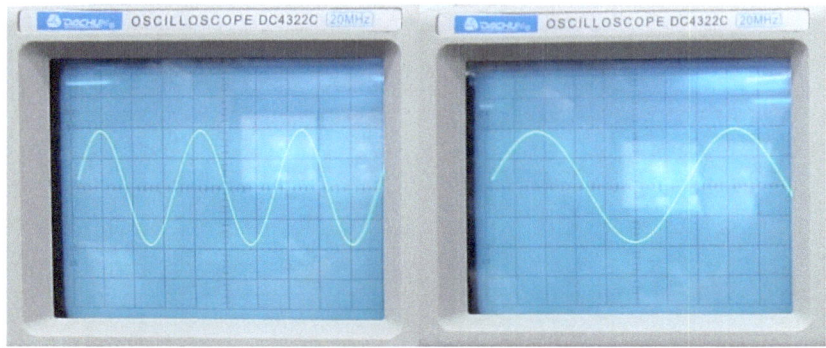

图 4-21　观察波形变化

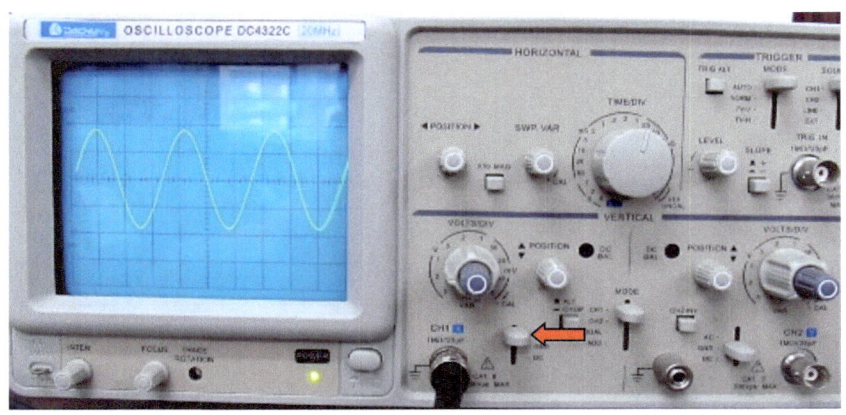

图 4-22　调节耦合方式开关

8）调节垂直位移和水平位移，如图 4-23 中箭头所示，观察波形变化。
9）将自检信号接示波器 CH1 输入，重复 4~8 的操作，显示正确的波形。

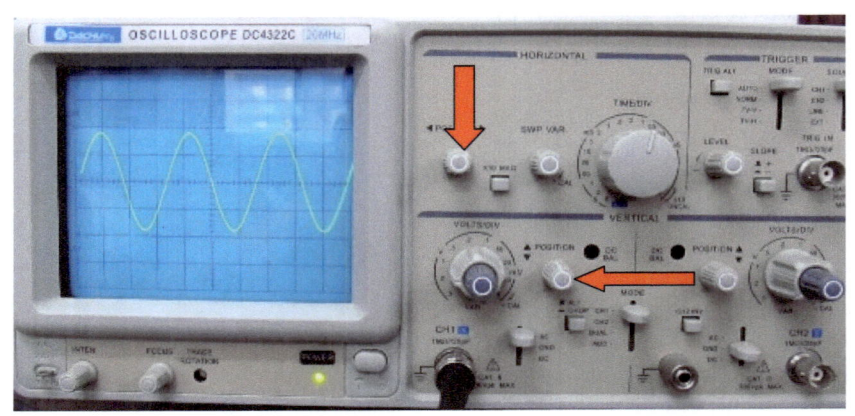

图 4-23　调节垂直位移和水平位移

4. 任务报告

姓名：　　　　　　　　班级：　　　　　　　　组号：

项　目	操作要点及规范	完成情况	结果说明
1. 工作服整洁，无配饰、钥匙、手表和手机		□是　□否	
2. 打开电源开关		□是　□否	
3. 使触发方式开关置于"AUTO"		□是　□否	
4. 将自检信号接示波器 CH2		□是　□否	
5. 垂直方式选择 CH2		□是　□否	
6. 调节灵敏度选择开关，观察波形变化		□是　□否	
7. 调节扫描速率选择开关		□是　□否	
8. 调节耦合方式开关		□是　□否	
9. 调节垂直位移和水平位移		□是　□否	
10. 将自检信号接示波器 CH1		□是　□否	
11. 填写工单		□是　□否	
12. 5S 工作		□是　□否	
13. 元器件无落地现象		□是　□否	
14. 遵守相关安全规范		□是　□否	
你遇到的困难是什么？你怎样解决			
在本任务实施中需要注意哪些事项			
教师点评			
成绩		指导老师	

5. 学生作业评分表

开始时间：　　　　　结束时间：　　　　　学生姓名：　　　　　成绩：

序号	作业说明	配分	作业内容	评分标准	扣分	得分
1	穿戴个人防护用品及安全操作	5	正确穿戴个人防护用品	不按规定穿戴，每项扣0.5分，扣完为止		
		5	安全操作	出现安全事故扣5分（操作全过程中）；严重者指导老师有权终止其操作		
2	打开电源	10	打开电源开关，按POWER按钮	电源开关找错扣5分，按钮选择错误扣5分		
3	选择触发方式	5	使触发方式开关置于"AUTO"	按钮选择错扣5分		
4	接入自检信号	10	将自检信号接示波器CH2	接口选择错扣5分，信号未接入扣5分		
5	选择垂直方式	5	垂直方式选择CH2	按钮选择错扣5分		
6	调节图像	5	调节灵敏度选择开关，观察波形变化	按钮选择错扣5分		
		5	调节扫描速率选择开关	按钮选择错扣5分		
7	调节耦合方式	10	调节耦合方式开关	按钮选择错扣5分，未显示图形扣5分		
8	调节图像的位置	10	调节垂直位移和水平位移	垂直位移按钮选择错扣5分，水平位移按钮选择错扣5分		
9	选择CH1通道检测	10	将自检信号接示波器CH1	未显示图形扣10分		
10	填写测量结果	10	正确填写测量结果并关闭万用表电源	填写不正确扣2分		
				忘记关闭电源扣5分		
11	安全文明操作	5	5S	不尊重指导老师扣2分；操作完毕后，不进行工位清洁、工具设备复位、废物统一收纳各扣1分，扣完为止		
12	时间限制	5		超时1min扣1分，超过5min终止操作并扣5分		
13	合计	100				

指导老师签名：　　　　　　　　　　　　　　　　　　　　年　　月　　日

任务三　观察不同的电信号

任务分析

信号广泛存在于各种场合，电信号是汽车电路控制系统传递信息的工具。在现代汽车系统中，自动化控制程度越来越高。信息的传递、命令的发送都以不同的电信号为载体。因此，有必要对不同的电信号有一些初步的认识。本次任务主要分析直流信号与交流信号的不同，并介绍几种常见的交流信号。

教学目标

知识目标：认识不同的电信号，复习信号发生器和示波器的操作步骤。
技能目标：学会使用示波器测量信号发生器输出的不同信号。
情感目标：注意安全，勤于动手。

教学重点

使用示波器测量信号发生器输出的不同信号。

教学难点

使用示波器测量不同的交流信号。

[相关知识]

1. 信号的作用

信号是运载消息的工具，是消息的载体。从广义上讲，它包含光信号、声信号和电信号等。例如，古代人利用点燃烽火台而产生的滚滚狼烟，向远方军队传递敌人入侵的消息，这属于光信号；当我们说话时，声波传递到他人的耳朵，使他人了解我们的意图，这属于声信号；遨游太空的各种无线电波、四通八达的电话网中的电流等，都可以用来向远方表达各种消息，这属于电信号。人们通过对光、声、电信号进行传递，才知道对方要表达的消息。在现代汽车系统中，自动化控制程度越来越高。信息的传递、命令的发送都以不同的电信号为载体，如图4-24所示。因此，有必要对不同的电信号有一些初步的认识。

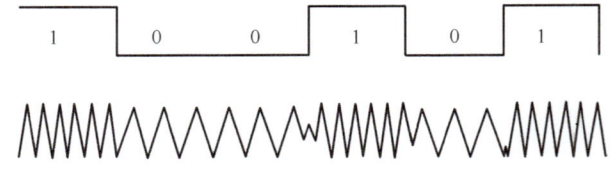

图4-24　调频信号

2. 直流信号及波形

量值和方向不随时间变动的电流称为直流电流，习惯上简称直流（Direct Current，缩写

为 DC），记为

$$I = i(t)$$

直流信号波形如图 4-25a、b 所示。直流量约定用大写字母表示，即 I 是直流电流。量值和方向不随时间变动的电压称为直流电压（DC voltage）。若电路中各部分电压、电流都是直流量，则称为直流电路（DC circuit）。

图 4-25a、b 中的电流都是直流物理量。图 4-25a 中电流大小为 2A，方向与参考方向一致；图 4-25b 中电流大小为 1A，方向与参考方向相反；图 4-25c 不是直流电流，电流大小是 1A，但方向随着时间发生变化。在汽车电路中，电子控制单元（ECU）的电压、传感器的基准电压等，使用的都是直流电压。

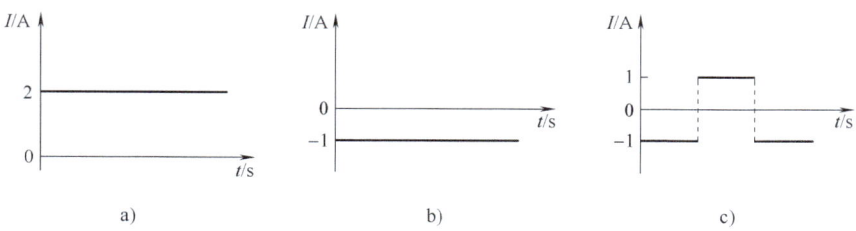

图 4-25　常见的电信号

3. 交流信号及波形

量值或方向随时间变动的电流称为交流电流，习惯上简称交流（Alternating Current，缩写为 AC），记为

$$i = i(t)$$

交流信号波形如图 4-26 所示。交流量约定用小写字母表示，即 i 是交流电流。量值或方向随时间变动的电压称为交流电压（AC voltage）。若电路中各部分电压、电流都是交流量，则称为交流电路（AC circuit）。

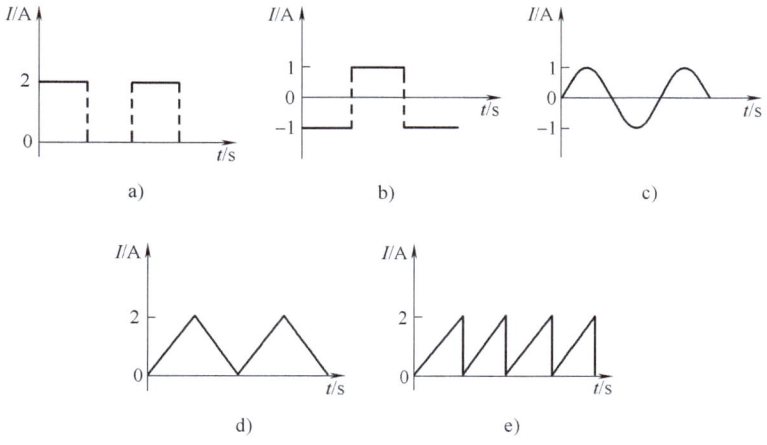

图 4-26　交流信号波形

图 4-26 中均为交流电。图 4-26a、b 为矩形波，图 4-26c 是正弦波，图 4-26d 为三角波，图 4-26e 是锯齿波。

[任务实施]

1. 器材准备

DC4322C 示波器一台，信号发生器一台。

2. 注意事项

1）保证人员、示波器和信号发生器的安全。

2）保持工作环境的整洁。

3）熟练掌握示波器和信号发生器的基本操作流程。

3. 交流信号的产生和测量

1）打开示波器电源开关，将信号线接入 CH1 端，红色鳄鱼夹接自检信号，黑色鳄鱼夹接地，如图 4-27 所示。

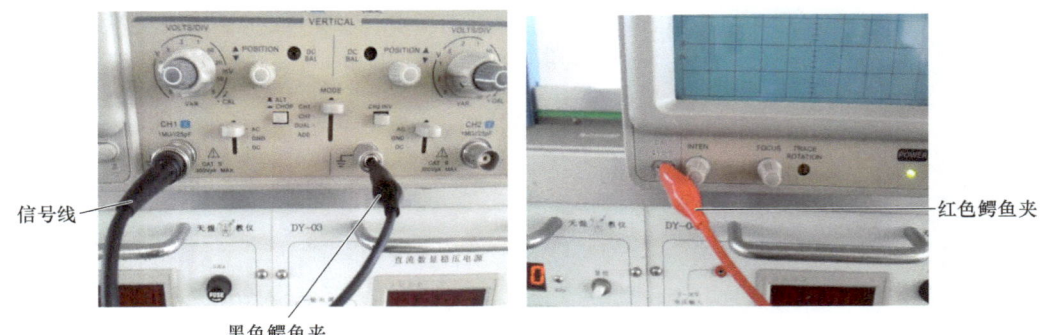

图 4-27　打开示波器电源开关

2）调节示波器的扫描速率选择开关和灵敏度选择开关，如图 4-28 中箭头所示，显示正确波形。

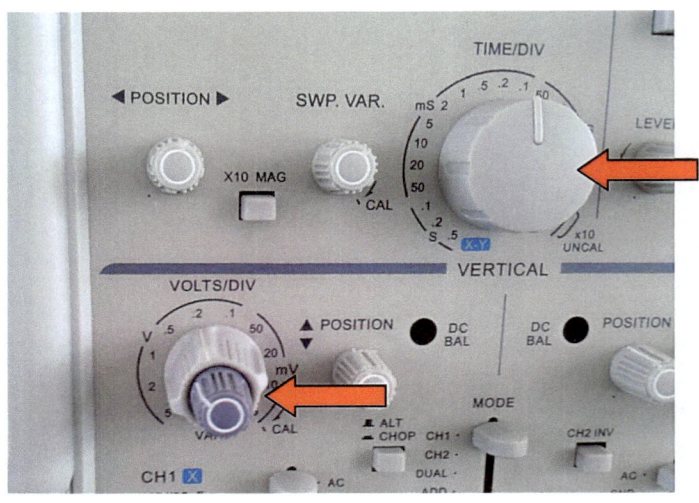

图 4-28　调节扫描速率选择开关和灵敏度选择开关

3）通过示波器读取波形，显示幅值和频率，如图 4-29 所示。

4）用信号发生器改变波形，产生矩形波，改变幅值和频率，如图 4-30 中箭头所示，通过示波器读取波形。

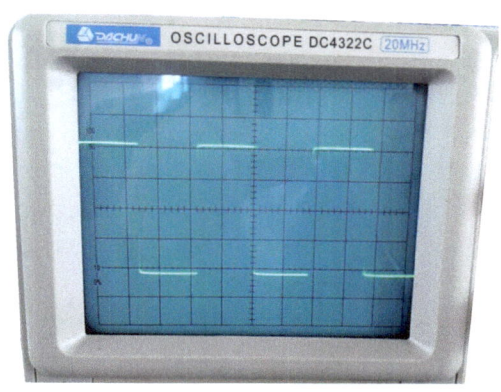

图 4-29　读取波形

5）再次改变波形，产生三角波，改变幅值和频率，如图 4-31 中箭头所示；通过示波器读取波形，如图 4-32 所示。

6）再次改变波形，产生正弦波，改变幅值和频率，如图 4-33 中箭头所示；通过示波器读取波形。

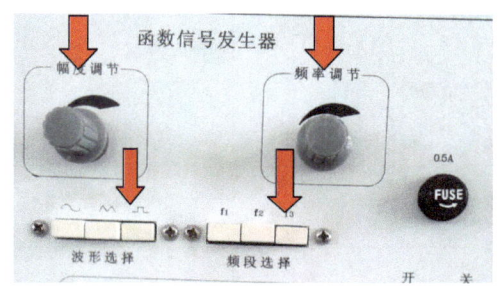

图 4-30　产生矩形波

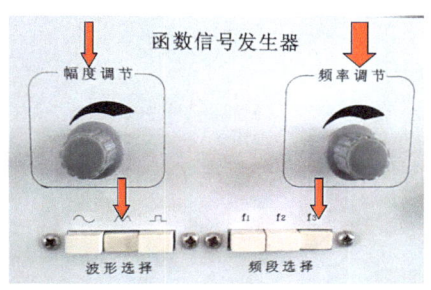

图 4-31　产生三角波

图 4-32　三角波信号波形

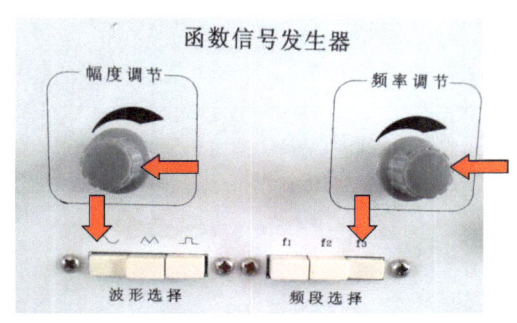

图 4-33　产生正弦波

7）记录波形，画出波形图。

4. 任务报告

姓名：　　　　　　　　　　班级：　　　　　　　　　　组号：

项　　目	操作要点及规范	完成情况	结果说明
1. 工作服整洁，无配饰、钥匙、手表和手机		□是　□否	
2. 打开信号发生器和示波器电源开关		□是　□否	
3. 将信号发生器的INPUT端通过信号线连接示波器的CH1端子		□是　□否	
4. 产生正弦波，通过示波器读取		□是　□否	
5. 产生矩形波，通过示波器读取		□是　□否	
6. 产生三角波，通过示波器读取		□是　□否	
7. 记录三次不同的波形，分析数据		□是　□否	
8. 填写工单		□是　□否	
9. 5S工作		□是　□否	
10. 元器件无落地现象		□是　□否	
11. 遵守相关安全规范		□是　□否	
你遇到了什么困难？你怎样解决			
在本任务实施中需要注意哪些事项			
教师点评			
成绩		指导老师	

5．学生作业评分表

开始时间：　　　　　结束时间：　　　　　学生姓名：　　　　　成绩：

序号	作业说明	配分	作业内容	评分标准	扣分	得分
1	穿戴个人防护用品及安全操作	5	正确穿戴个人防护用品	不按规定穿戴，每项扣0.5分，扣完为止		
		5	安全操作	出现安全事故扣5分（操作全过程中）；严重者指导老师有权终止其操作		
2	打开电源	5	打开信号发生器和示波器电源开关	电源开关找错扣2分，按钮选择错误扣2分		
3	连接信号发生器和示波器	5	将信号发生器的INPUT端通过信号线连接示波器的CH1端子	按钮选择错误扣5分		
4	产生和读取正弦波	20	产生正弦波	未能产生波形扣10分		
			读取正弦波	未能读取波形扣10分		
5	产生和读取矩形波	20	产生矩形波	未能产生波形扣10分		
			读取矩形波	未能读取波形扣10分		
6	产生和读取三角波	20	产生三角波	未能产生波形扣10分		
			读取三角波	未能读取波形扣10分		
7	填写测量结果	10	正确填写测量结果并关闭万用表电源	填写不正确扣2分		
				忘记关闭电源扣5分		
8	安全文明操作	5	5S	不尊重指导老师扣2分；操作完毕后，不进行工位清洁、工具设备复位、废物统一收纳各扣1分，扣完为止		
9	时间限制	5		超时1min扣1分，超过5min终止操作并扣5分		
10	合计	100				
指导老师签名：　　　　　　　　　　　　　　　　　　　　　　　年　　月　　日						

项目五

二极管及其运用

项目描述

用半导体材料制成的半导体器件是20世纪中叶发展起来的新型电子器件,由于它具有体积小、重量轻、工作可靠、使用寿命长、耗电量小等优点,因而得到了广泛应用。

半导体制成的二极管和晶体管在汽车电子电路以及汽车电气设备中应用也非常广泛,本项目通过对半导体器件基本知识的学习,为后续课程的学习打下基础。

学习目标

掌握二极管的结构、特性和种类,学会使用万用表检测二极管的好坏,并判断其极性;掌握几种整流电路的组成、工作原理和电路特点,能够熟练组装一个桥式整流电路。

任务一　二极管的测量

任务分析

发电机的整流器、LED指示灯等都是二极管,因此对于二极管的结构和特性需要正确认识,要学会利用万用表等设备检测二极管的好坏,并判断极性。本次任务主要介绍半导体的基本知识,了解二极管的结构。

教学目标

知识目标:掌握二极管的结构、特性和种类。

技能目标:学会使用万用表检测二极管的好坏,并能够判断其极性。

情感目标：积极思考，勤于动手。

教学重点

使用万用表检测二极管。

教学难点

二极管的特性。

[相关知识]

1. 半导体的相关知识

物质按导电能力强弱的不同可分为导体、半导体、绝缘体三大类。电阻率的大小反映了材料的导电性能好坏。一般把电阻率在 $10^{-9}\sim10^{-8}\Omega\cdot m$ 之间的材料叫作导体，如铜、铝等，用来制造导线。电阻率在 $10^7\sim10^{12}\Omega\cdot m$ 之间的材料叫作绝缘体，如橡胶、陶瓷、空气等。半导体的电阻率介于导体与绝缘体之间，其导电能力也介于导体和绝缘体之间。目前，制造半导体器件用得最多的是硅和锗两种材料。

半导体具有不同于导体和绝缘体的导电特性。半导体的导电特性分为：

（1）**热敏特性** 大多数半导体对温度都比较敏感，且随温度的升高导电能力增强，电阻减小。利用半导体的热敏特性可以制成各种热敏元器件，如热敏电阻。

（2）**光敏特性** 许多半导体在受光照射后，导电能力会增强，电阻会减小。利用光敏特性可制成各种光敏元件或器件，如光敏电阻、光敏二极管、光敏探测器等。

（3）**掺杂特性** 在纯净的半导体中掺入微量的某种杂质元素，导电能力会增强很多，电阻会急剧减小。二极管、晶体管都是利用掺杂特性制成的。

按照半导体是否掺入杂质，可以把半导体分为两种：一种为本征半导体，另一种为杂质半导体。

本征半导体是完全纯净的且具有晶体结构的半导体。不含杂质的单晶硅和单晶锗都属于本征半导体。本征半导体的导电能力很弱，不能用来制造半导体器件。

杂质半导体则是在本征半导体中掺入微量的有用杂质，使其导电能力大大增加的半导体。杂质半导体是用来制造各种半导体器件的基本材料。

按照掺入杂质的不同，杂质半导体又可以分为 P 型半导体和 N 型半导体。

P 型半导体：在本征半导体硅中掺入微量的三价元素，如硼，就形成了 P 型半导体。

N 型半导体：在本征半导体硅中掺入微量的五价元素，如磷，就形成了 N 型半导体。

2. PN 结

（1）**PN 结的形成** P 型或 N 型半导体的导电能力虽然大大增强，但并不能直接用来制造半导体器件。通常在一块晶片上，采取一定的掺杂工艺措施，在两边分别形成 P 型半导体和 N 型半导体，在它们的交界面附近就会形成一个具有独特物理性质的 PN 结，如图 5-1 所示。PN 结是制造半导体二极管、半导体晶体管、场效应晶体管等各种半导体器件的基础。

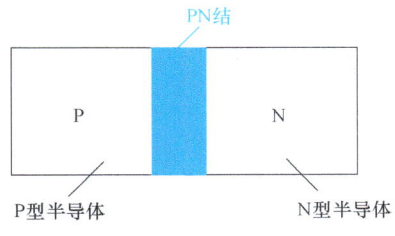

图 5-1　PN 结结构示意图

（2）PN 结的单向导电性　PN 结具有单向导电特性，这可以通过下面的实验来验证，实验电路如图 5-2 所示。其中 PN 结用一只二极管来代替，HL 为指示灯，R 为电路的限流电阻，GB 为直流电源，S 为电路的开关。

1）PN 结加正向电压——正向导通。

将电源正极接 P 区，负极接 N 区，此时的外加电压称为"正向电压"，或称"正向偏置"，简称"正偏"。开关 S 闭合后指示灯 HL 亮，说明此时 PN 结电阻很小，像导体一样很容易导电，这种现象称为"正向导通"，如图 5-2 所示。

2）PN 结加反向电压——反向截止。

把电源的正负极对调后，这时电源负极接 P 区，正极接 N 区，此时的外加电压称为"反向电压"，或称"反向偏置"，简称"反偏"。开关 S 闭合后指示灯 HL 不亮，说明此时 PN 结电阻很大，像绝缘体一样不能导电，这种现象称为"反向截止"，如图 5-3 所示。

由此可知：PN 结加正向电压导通，加反向电压截止，这是 PN 结的重要特性，即单向导电性。

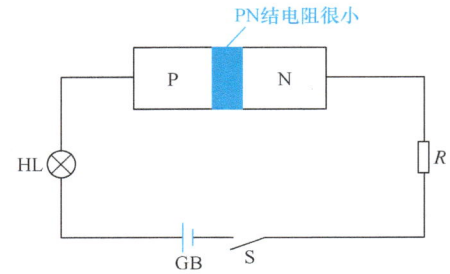

图 5-2　PN 结加正向电压

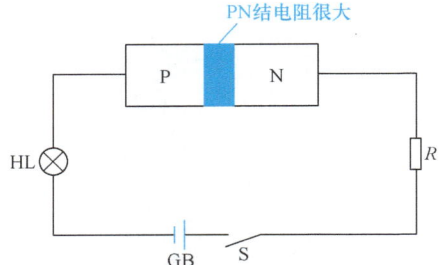

图 5-3　PN 结加反向电压

3. 半导体二极管

半导体二极管（Semiconductor diode）又叫晶体二极管，简称二极管，它的内部由一个 PN 结构成，外部引出两个电极，从 P 区引出的电极为二极管的正极，又叫作阳极；从 N 区引出的电极为二极管的负极，又叫作阴极。然后再将其封装在管壳内，如图 5-4 所示。二极管有一个 PN 结、两个电极，其主要特性是单向导电性，即正向导通、反向截止。二极管的电路图形符号如图 5-5 所示，文字符号用 VD 表示。图形符号中箭头的方向表示二极管正向导通时电流的方向，正常工作时电流由正极流向负极。

图 5-4　二极管的结构　　　　图 5-5　二极管的电路图形符号

4. 二极管的类型

二极管的分类方法有很多种，按材料不同分为硅二极管和锗二极管，按用途不同分为普通二极管和常用二极管，常用二极管主要有以下几种。

（1）整流二极管　整流二极管如图 5-6 所示。

作用：它是一种将交流电能转变为直流电能的半导体器件，主要用于整流电路中。

工作电压：正向电压。

特性：整流二极管具有明显的单向导电性。整流二极管可用半导体锗或硅等材料制造。硅整流二极管的击穿电压高，反向漏电流小，高温性能良好。通常高压大功率整流二极管都用高纯单晶硅制造（掺杂较多时容易反向击穿）。这种器件的结面积较大，能通过较大电流（可达上千安），但工作频率不高，一般在几万赫兹以下。

（2）稳压二极管　稳压二极管如图 5-7 所示。

作用：主要用于稳压电路。

工作电压：反向电压。

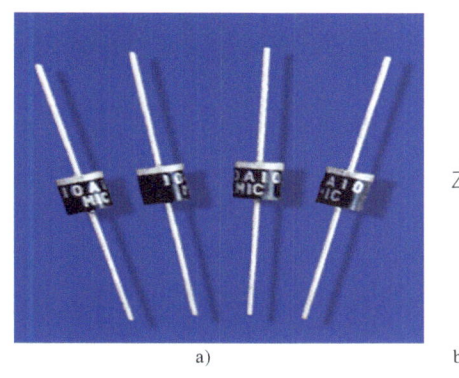

图 5-6　整流二极管

特性：稳压二极管简称稳压管，是一种特殊工艺制成的硅二极管，当反向电压达到击穿电压时，反向电流突然增大，稳压管被反向击穿，但这种击穿不是破坏性的，只要在电路中串联一个合适的限流电阻，就能使稳压管工作在反向击穿状态而不会遭到永久性的破坏（称为电击穿）。电击穿状态下，通过稳压管的电流可在较大的范围内变化，而稳压管两端的反向电压几乎不变。利用这一特性，可使稳压管在电路中起到稳压作用。

（3）发光二极管　发光二极管如图 5-8 所示。

图 5-7　稳压二极管

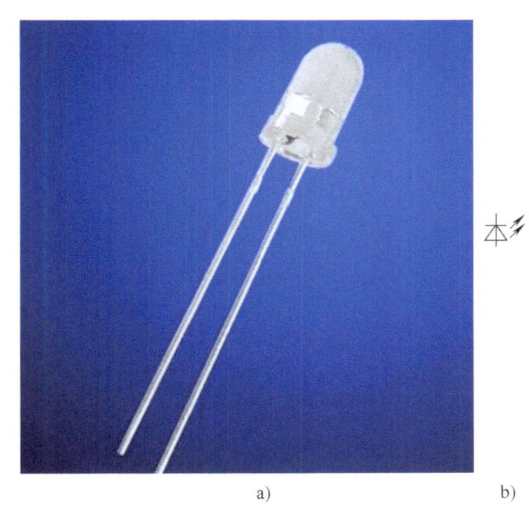

图 5-8　常见发光二极管

作用：将电能转换为光能，能发出可见光，常用于指示信号。

工作电压：正向电压。

特性：在二极管两端加上正向电压，二极管导通，产生热和光，使一层黏附着的磷化物受激励而发出可见光。发光二极管根据所用的发光材料不同，可以发出红、绿、黄、蓝、橙等不同颜色的光。

（4）光敏二极管　光敏二极管如图5-9所示。

作用：它是一种对光有敏感作用的二极管，能将光信号转换为电信号。

工作电压：反向电压。

特性：它的管壳上开设有一个玻璃窗口，以便接收光线的照射。在二极管两端加上反向电压，无光线照射时，光敏二极管不导通；当受到光线照射时，光敏二极管导通。面积较大的光敏二极管可制成光电池。

（5）变容二极管　变容二极管如图5-10所示。

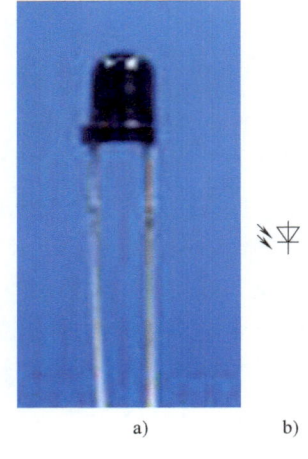

图 5-9　光敏二极管

作用：PN结的电容随反向电压的变化而变化，常用于高频电路。

工作电压：反向电压。

特性：二极管的结电容除了与它本身的工艺有关外，还与外加反向电压有关。当反向电压升高时，结电容减小；当反向电压降低时，结电容增大。

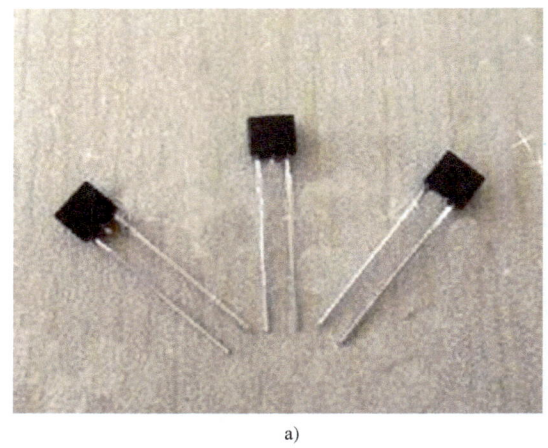

图 5-10　变容二极管

[任务实施]

1. 器材准备

二极管，数字万用表。

2. 注意事项

1）保证人员安全，万用表无损坏。

2）保证二极管无损坏。

3）保证工作环境的整洁。

3. 二极管的检测

（1）万用表表笔插孔的选择 万用表的黑表笔插在"COM"插孔中，而红表笔插在标有"Ω"符号的插孔中，如图 5-11 所示。

（2）选择量程档位 将万用表的量程旋到测量二极管的档位上，如图 5-12 所示。

（3）检测二极管的好坏 将万用表的红、黑表笔分别跨接在被测二极管的电极两端，观察显示屏上的数值，如图 5-13 所示。如果显示屏上显示"1"，对调红、黑表笔位置，观察显示屏，如果仍然显示"1"，则说明二极管是坏的，二极管内部开路。

如果对调红、黑表笔后显示屏上显示数值，如显示"0.554"，则说明二极管是好的，如图 5-14 所示。

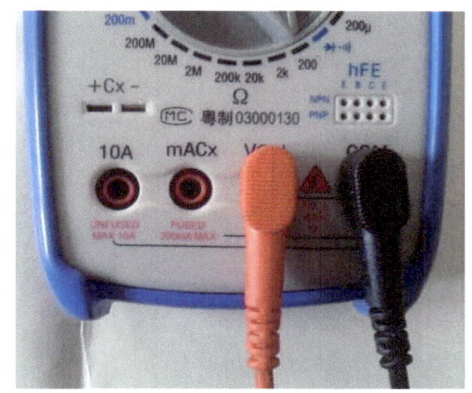

图 5-11 插入红、黑表笔

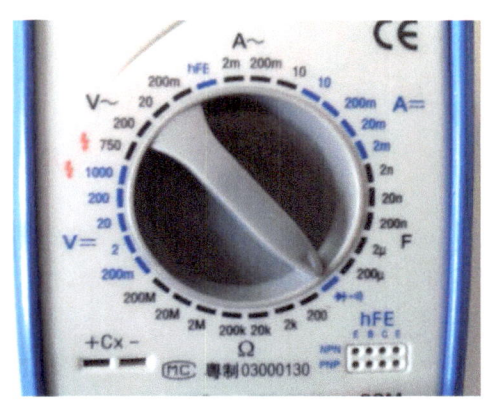

图 5-12 选择量程档位

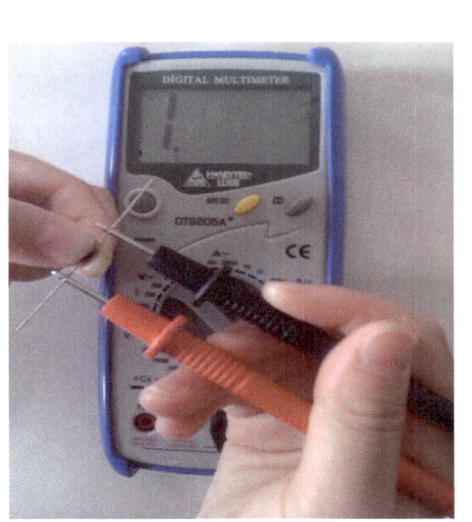

图 5-13 二极管内部开路的显示结果

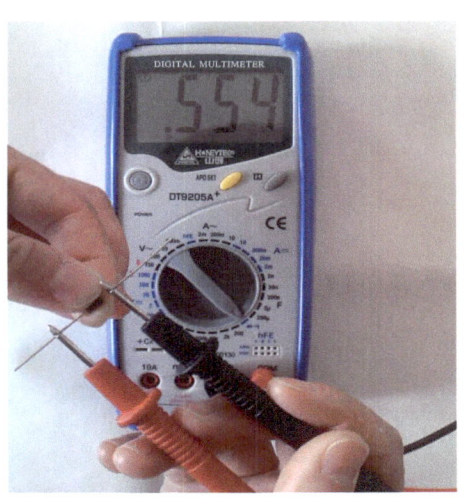

图 5-14 二极管正常的显示结果

（4）判断二极管的电极 当显示屏上的数值为"0.554"时，此数值为二极管的正向导通电阻，此时红表笔接的是二极管的正极，而黑表笔接的则是二极管的负极，如图 5-15 所示。

反之,当显示屏上的数值为"1"时,则红表笔接的是二极管的负极,而黑表笔接的是二极管的正极,如图 5-16 所示。

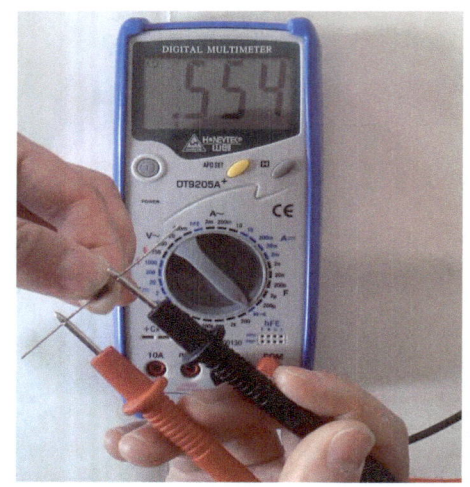
图 5-15　二极管正向导通

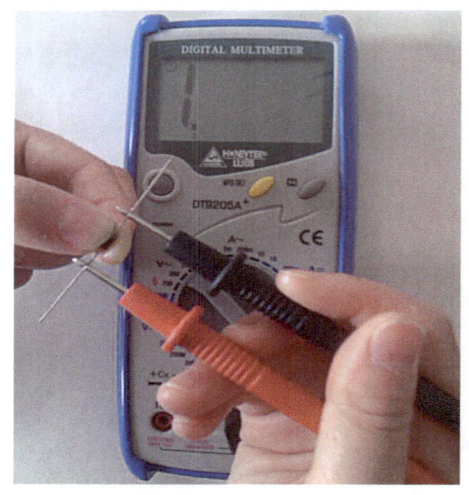
图 5-16　二极管反向截止

4. 任务报告

姓名：　　　　　　　　班级：　　　　　　　　组号：

项　　目	操作要点及规范	完 成 情 况	结 果 说 明
1. 工作服整洁,无配饰和手机		□是　□否	
2. 万用表档位选择		□是　□否	
3. 万用表表笔插孔选择		□是　□否	
4. 二极管好坏的检测		□是　□否	
5. 二极管极性的判断		□是　□否	
6. 填写工单		□是　□否	
7. 5S 工作		□是　□否	
8. 元器件无落地现象		□是　□否	
9. 遵守相关安全规范		□是　□否	
10. 难点知识			
你遇到了什么困难？你怎样解决			
在本任务实施中需要注意哪些事项			
教师点评			
成绩		指导老师	

5. 学生作业评分表

开始时间： 　　　　结束时间： 　　　　学生姓名： 　　　　成绩：

序号	作业说明	配分	作业内容	评分标准	扣分	得分
1	穿戴个人防护用品及安全操作	5	正确穿戴个人防护用品	不按规定穿戴，每项扣0.5分，扣完为止		
		5	安全操作	出现安全事故扣5分（操作全过程中）；严重者指导老师有权终止其操作		
2	万用表校零	5	打开电源开关，旋至电阻档	电源开关找错扣1分，档位选择错误扣2分		
		5	将两表笔短接，显示器显示"0"	操作不规范扣2分		
3	万用表档位选择	10	将档位旋置于二极管档	档位选择错误扣5分		
4	万用表表笔插孔选择	10	黑表笔插入"COM"插孔，红表笔插在标有"Ω"符号的插孔中	黑表笔选择错误扣2分		
				红表笔选择错误扣2分		
5	二极管好坏的检测	20	将万用表的红、黑表笔分别跨接在被测二极管的电极两端，观察显示屏上的数值	手指接触二极管电极扣2分，手握表笔姿势不规范扣2分		
			如果显示屏上显示"1"，对调红、黑表笔位置，观察显示屏，如果仍然显示"1"，说明二极管是坏的，二极管内部开路。反之则是好的	根据显示数据不能判断二极管好坏扣5分		
6	判断二极管的电极	20	若显示屏上的数值为"0.554"，此数值为二极管的导通电阻，此时红表笔接的是二极管的正极，而黑表笔接的则是二极管的负极	根据显示数据不能正确判断正负极扣5分		
			若显示屏上的数值为"1"，则此时红表笔接的是二极管的负极，而黑表笔接的是二极管的正极	元器件落地一次扣2分		
7	填写测量结果	10	正确填写测量结果并关闭万用表电源	填写不正确扣2分		
				忘记关闭电源扣5分		
8	安全文明操作	5	5S	不尊重指导老师扣2分；操作完毕后，不进行工位清洁、工具设备复位、废物统一收纳各扣1分，扣完为止		
9	时间限制	5		超时1min扣1分，超过5min终止操作并扣5分		
10	合计	100				

指导老师签名： 　　　　　　　　　　　　　　　　　　　　　年　　月　　日

任务二　桥式整流电路的制作

任务分析

汽车上使用的发电机是交流发电机，而蓄电池和汽车电路是直流电路。这就要求有一种电路能够将交流信号转换为直流信号。二极管的单向导电性就是解决问题的方法，由二极管组成的全波整流电路是构成直流稳压电源的基础。本次任务通过学习几种整流电路，熟悉二极管的特性。

教学目标

知识目标：掌握几种整流电路的电路组成、工作原理和电路特点。
技能目标：能够熟练组装一个半波整流电路，能够熟练使用万用表检测元器件。
情感目标：积极思考，勤于动手。

教学重点

几种整流电路的工作原理。

教学难点

车用整流电路的工作原理。

[相关知识]

1. 单相半波整流电路

（1）电路组成　单相半波整流电路如图5-17所示。

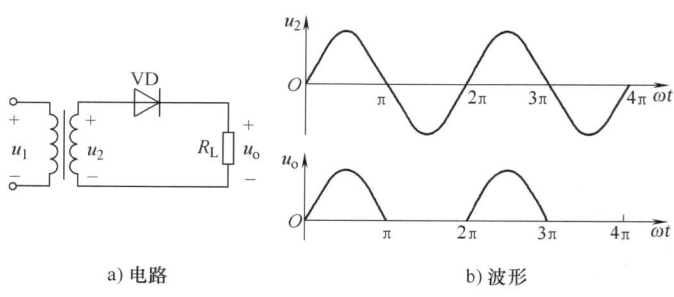

a) 电路　　　　　　b) 波形

图5-17　单相半波整流电路

（2）工作原理　单相半波整流电路如图5-17a所示。电源变压器将电压 u_1 变为整流电路所需的电压 u_2。

若二极管的正向管压降为零，当 $u_2>0$ 时，VD 导通，输出电压 $u_o=u_2$；当 $u_2<0$ 时，VD 截止，$i_o=0$，$u_o=0$；下一周期重复上述过程。图5-17b所示为输出电压的理论波形。

可见，交流电变化一周，有半周二极管导通，而另外半周二极管截止，负载 R_L 上输出的电压波形为方向不随时间变化、大小随时间变化的脉动直流电。因为输入电压变化一周而负载上仅有半周输出，故称为半波整流。

（3）电路特点　单相半波整流电路结构简单，使用器件少，但输出电压脉动大，且电源利用率低，一般应用在一些简单的充电电路。

2. 单相桥式整流电路

（1）电路组成　单相桥式整流电路如图 5-18 所示。

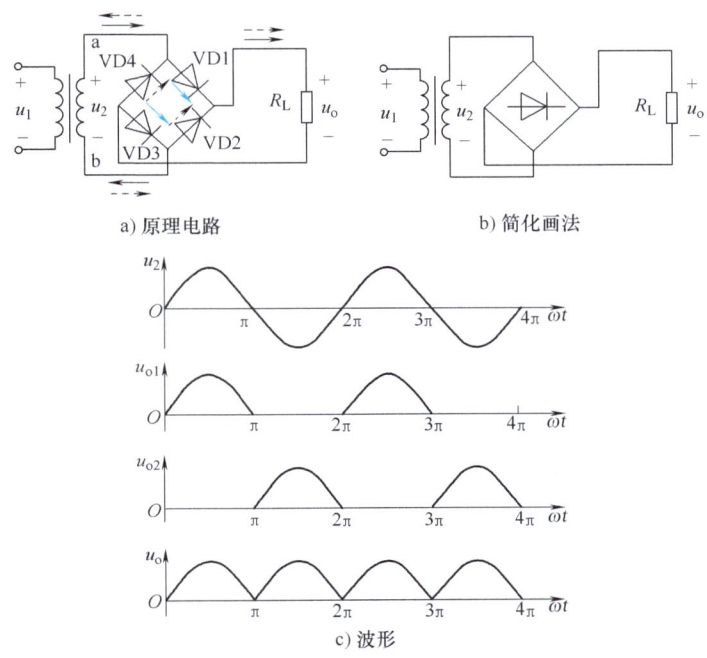

图 5-18　单相桥式整流电路

（2）工作原理　单相桥式整流原理电路如图 5-18a 所示。图 5-18b 为一种习惯画法，是一种简化画法。

若二极管的正向管压降为零，当 $u_2 > 0$ 时，VD1、VD3 导通，VD2、VD4 截止，电流方向如图实线所示，输出电压 $u_o = u_2$；当 $u_2 < 0$ 时，VD2、VD4 导通，VD1、VD3 截止，电流方向如图虚线所示，输出电压 $u_o = u_2$；下个周期重复上述过程。

可见，单相桥式整流电路在输入交流电压的正负半周，都有同一方向的电流流过 R_L，四只二极管两两轮流导通，负载电压为 $u_o = u_{o1} + u_{o2}$，在负载上得到全波脉动的直流电压和电流，这种整流电路属于全波整流电路。

（3）电路特点　与单相半波整流电路相比，单相桥式整流电路所用二极管的数量较多，当变压器二次电压相同时，对二极管的参数要求一样，但输出电压较高、脉动较小，变压器利用率高，所以应用较广。桥式整流电路目前已做成模块（整流桥），有半桥和全桥两种整流桥，使用一个全桥或连接两个半桥就可代替四只整流二极管与电源变压器相连，从而组成桥式整流电路，使用非常方便。

3. 车用整流电路

整流电路在汽车发电机中也有着重要应用。我们知道，汽车上装有蓄电池，但蓄电池储存的电能非常有限，远远不能满足汽车上不断增多的用电设备的需求。发电机是汽车电气设备的主要电源，为了将发电机产生的交流电整流成直流电，汽车上普遍采用由六只硅二极管组成的车用整流器。

车用整流器的二极管分为正极管和负极管两种类型，引线和外壳分别是它们的两个电极。其中，正极管的外壳为负极，引出极为正极，在管壳底上一般标有红色标记；负极管的外壳为正极，引出极为负极，在管壳底上一般标有黑色标记。

在负极搭铁的硅整流发电机中，三个正极管的外壳压装在散热板的三个座孔内，共同组成发电机的正极，由一个与发电机后端盖绝缘的整流板固定螺栓通至机壳外，作为发电机的相线接线柱"B"（"+"、"A"或"电枢"接线柱）；三个负极管的外壳压装在后端盖的三个孔内，和发电机外壳一起成为发电机的负极，其安装示意图如图5-19所示。

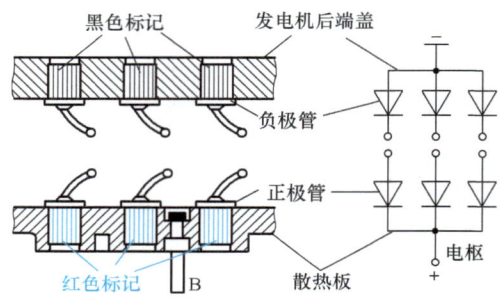

图 5-19 车用整流器

三个正极管和三个负极管构成的整流电路称为三相桥式整流电路，它和电压调节器一起将发电机的交流电转化成12V的直流电。整流电路及其波形如图5-20所示。

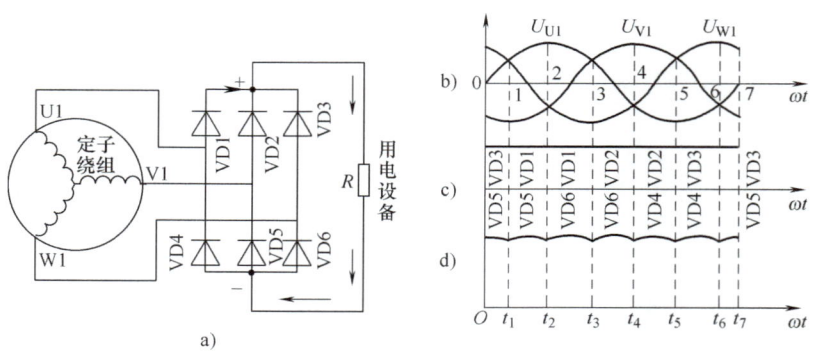

图 5-20 三相桥式整流电路及其波形

图5-20a中，整流板上的三个正极管VD1、VD2、VD3的正极分别接在发电机三相绕组的首端U1、V1、W1上。VD1、VD2、VD3分别在三相交流电的正半周导通，若某一相电压最高，则该相绕组的正极管先导通，其余正极管截止；后端盖上三个负极管VD4、VD5、VD6的负极分别接在发电机三相绕组的U1、V1、W1上。VD4、VD5、VD6分别在三相交流

电的负半周导通,若某一相电压最低,则该相绕组的负极管先导通,其余负极管截止。由上面分析可知,同时导通的二极管有两个(正、负二极管各一个),它们总是将发电机的线电压加在负载 R 两端,使负载两端得到一个比较平稳的脉动直流电压 u,该电压一个周期内有六个波纹,如图 5-20b、c、d 所示。

需要说明的是,有些汽车交流发电机为了实现提高发电功率、提高电压调节精度等功能,采用的整流方式有 8 管电路、9 管电路和 11 管电路等,这几种电路将在后续有关课程中讲解。

[任务实施]

1. 器材准备

函数示波器一台;教学仪器一台;导线若干。

2. 注意事项

1)保证人员、示波器和教学仪器的安全。

2)保持工作环境的整洁。

3)检察完成电路后由教师许可才可以加载信号。

3. 半波整流电路的搭建和检测

半流整流电路图如图 5-18b 所示,搭建和检测步骤如下。

1)给函数信号发生器单元模块通电,如图 5-21 所示,输出 1kHz 正弦波 $V_{P-P}=10V$。

2)示波器通过 CH1 通道,读取 1kHz 正弦波,如图 5-22 所示。

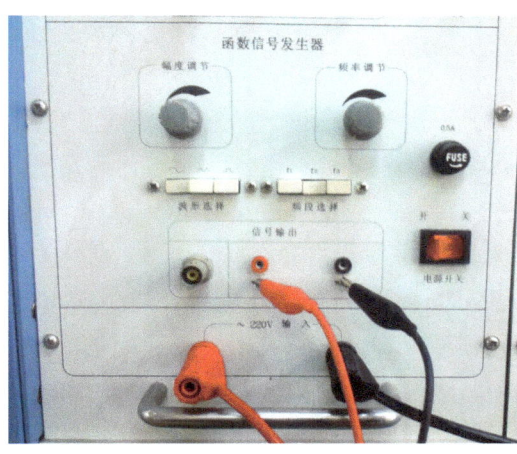

图 5-21 函数信号发生器单元模块通电示意图   图 5-22 CH1 和 CH2 通道信号波形

3)连接半波整流电路,将二极管 1N4007 和 10kΩ 电阻串联,注意二极管的正负极,如图 5-23 所示。

4)输入信号,如图 5-24 所示。

5)用示波器的 CH2 端读取电阻上的输出信号,如图 5-25 所示。

6)CH1 和 CH2 波形同时显示,如图 5-26 所示。

7)记录波形,分析结果,进行 5S 工作。

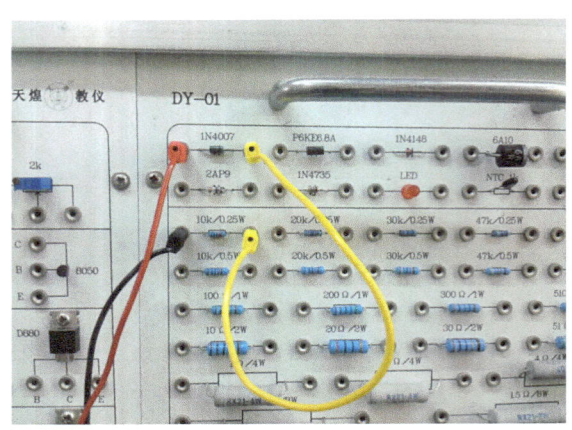

图 5-23　连接半波整流电路　　　　　图 5-24　输入正弦信号

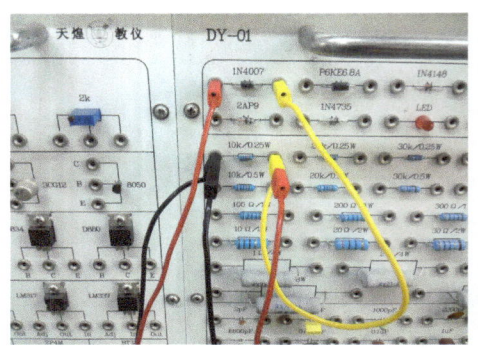
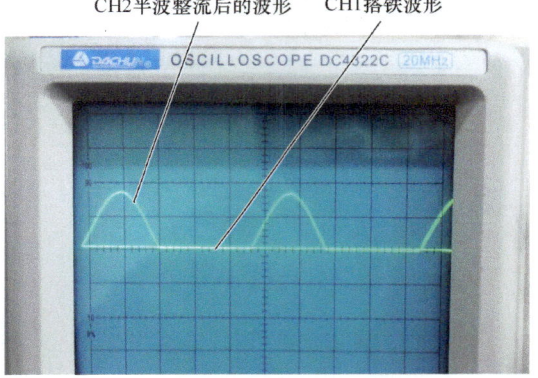

图 5-25　CH2 端读取输出信号

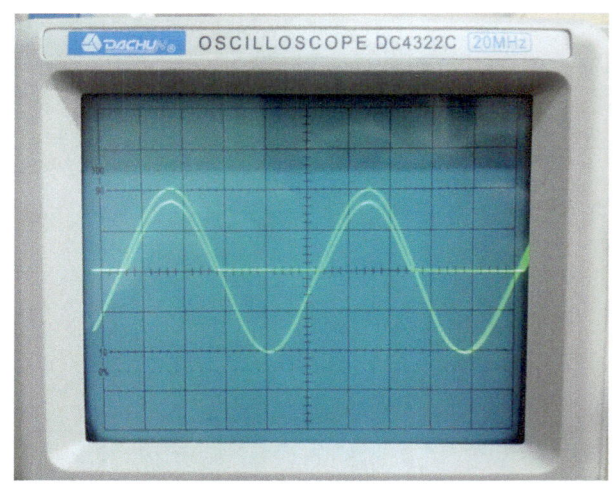

图 5-26　CH1 和 CH2 波形同时显示

4. 任务报告

姓名：　　　　　　　　班级：　　　　　　　　组号：

项　　目	操作要点及规范	完 成 情 况	结 果 说 明
1. 工作服整洁，无配饰和手机		□ 是　　□ 否	
2. 产生待测信号	函数信号发生器单元模块通电，输出1kHz正弦波	□ 是　　□ 否	
3. 显示待测信号	示波器通过CH1通道，读取1kHz正弦波	□ 是　　□ 否	
4. 连接半波整流电路	连接半波整流电路，将二极管1N4007和10kΩ电阻串联，注意二极管的正负极	□ 是　　□ 否	
5. 显示整流信号	输入信号，用示波器的CH2端读取电阻上的输出信号	□ 是　　□ 否	
6. 记录波形，分析结果		□ 是　　□ 否	
7. 填写工单		□ 是　　□ 否	
8. 5S工作		□ 是　　□ 否	
9. 元器件无落地现象		□ 是　　□ 否	
10. 遵守相关安全规范			
11. 难点知识			
你遇到了什么困难？你怎样解决			
在本任务实施中需要注意哪些事项			
教师点评			
成绩		指导老师	

5. 学生作业评分表

开始时间：　　　　　结束时间：　　　　　学生姓名：　　　　　成绩：

序号	作业说明	配分	作业内容	评分标准	扣分	得分
1	穿戴个人防护用品及安全操作	5	正确穿戴个人防护用品	不按规定穿戴，每项扣0.5分，扣完为止		
		5	安全操作	出现安全事故扣5分（操作全过程中）；严重者指导老师有权终止其操作		
2	产生待测信号	10	函数信号发生器单元模块通电	导线连接错误扣5分，没有区分颜色扣5分		
		10	输出1kHz正弦波	波形选择错误扣5分，频率选择错误扣5分		
3	显示待测信号	10	示波器通过CH1通道，读取1kHz正弦波			
4	连接半波整流电路	20	二极管1N4007和10kΩ电阻串联，注意二极管的正负极	电路连接不正确扣10分 二极管正负极区分错误扣10分		
5	显示整流信号	20	输入信号	信号不会输入扣10分，正负极区分错误扣10分		
			用示波器的CH2端读取电阻上的输出信号	示波器CH2通道接线错误扣5分，显示不出正确结果扣5分		
6	记录波形，分析结果	10	正确记录波形，并分析结果	不能正确认识波形扣5分，没有记录波形扣5分		
7	安全文明操作	5	5S	不尊重指导老师扣2分；操作完毕后，不进行工位清洁、工具设备复位、废物统一收纳各扣1分，扣完为止		
8	时间限制	5		超时1min扣1分，超过5min终止操作并扣5分		
9	合计	100				

指导老师签名：　　　　　　　　　　　　　　　　　　　　　　　年　　月　　日

项目六 晶体管及其运用

项目描述

每年,全世界要生产大约 10 万亿个晶体管,相当于全球 70 亿人以每人每秒生产 45 个晶体管的速度,连续不停地工作一年。晶体管是一种固体半导体器件,可以用于控制和放大电流,它的低成本、灵活性和可靠性促进了电子计算机的发展,使数字化革命浪潮席卷全世界。它也是集成电路中最重要的基础元器件之一,如今几乎每一款电子设备所使用的微芯片中都包含了数百万个晶体管,这些晶体管与二极管、电阻器、电容器一起被封装在微芯片上以制造完整的电路。

学习目标

掌握晶体管的结构、种类及应用场合,学会使用万用表判别晶体管的极性;了解共射放大电路的组成、工作原理,能够搭建基本共射放大电路,并用示波器观察放大后的电信号;掌握晶体管开关的原理与应用,学会使用万用表检测晶体管开关电路的状态。

任务一 晶体管的认识与检测

任务分析

晶体管在汽车电路中广泛应用,了解晶体管的结构、区分晶体管的引脚是一项基本能力。在本次任务中,主要就是介绍晶体管的结构,学习使用万用表判别晶体管的极性和引脚。

教学目标

知识目标:掌握晶体管的结构、种类及应用场合。

技能目标：学会使用万用表判别晶体管的极性。
情感目标：注意安全，勤于动手。

教学重点

使用万用表判别晶体管的极性。

教学难点

PNP 型和 NPN 型晶体管的判断。

[相关知识]

1. 晶体管的结构

半导体晶体管由于在工作时半导体中的电子和空穴两种载流子都起作用，所以属于双极型器件，也称为双极结型晶体管（Bipolar Junction Transistor，BJT）、半导体晶体管。晶体管的种类很多，如图 6-1 所示，按照半导体材料的不同，可分为硅管、锗管；按功率可分为小功率晶体管、中功率晶体管和大功率晶体管；按照频率可分为高频晶体管和低频晶体管；按照制造工艺可分为合金晶体管和平面晶体管等。晶体管通常按照结构的不同分为两种类型：NPN 型晶体管和 PNP 型晶体管。图 6-2 中给出了 NPN 型和 PNP 型晶体管的结构示意图及其图形和文字符号，符号中的箭头方向是晶体管的实际电流方向。

    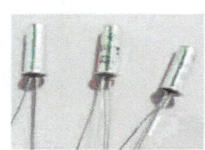 

图 6-1　晶体管

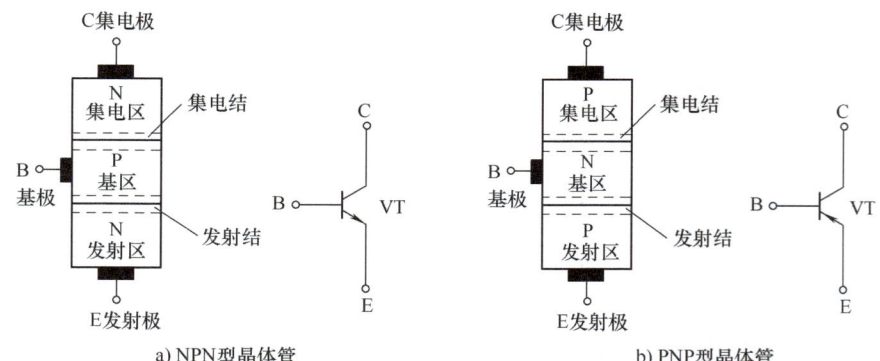

a) NPN 型晶体管　　　　　　　　　　　b) PNP 型晶体管

图 6-2　晶体管的结构示意图及其图形和文字符号

2. 晶体管的型号

要准确地了解晶体管的类型、性能与参数，可用专门的测量仪器进行测试，但一般粗略判别晶体管的类型和引脚，可直接通过晶体管的型号简单判断，也可利用万用表测量的方法判断。下面具体介绍其型号的意义。

晶体管的型号一般由五大部分组成，如 3AX31A、3DG12B、3CG14G 等。下面以 3DG110B 为例来说明各部分的命名含义。

$$\underset{①}{3}\ \underset{②}{D}\ \underset{③}{G}\ \underset{④}{110}\ \underset{⑤}{B}$$

第①部分由数字组成，表示电极数。"3"代表晶体管。

第②部分由字母组成，表示晶体管的材料与类型。A 表示 PNP 型锗管，B 表示 NPN 型锗管，C 表示 PNP 型硅管，D 表示 NPN 型硅管。

第③部分由字母组成，表示晶体管的类型，即表明晶体管的功能。

第④部分由数字组成，表示晶体管的序号。

第⑤部分由字母组成，表示晶体管的规格号。

[任务实施]

1. 器材准备

数字万用表一台，晶体管一只。

2. 注意事项

1）保证人员、万用表的安全。

2）保证晶体管引脚无损坏。

3）保持工作环境的整洁。

3. 晶体管引脚和极性的测量

（1）档位选择　选择数字万用表的二极管档位测量，如图 6-3 所示。注意表笔插孔选择，红表笔选择 VΩ 插孔，黑表笔选择 COM 插孔。

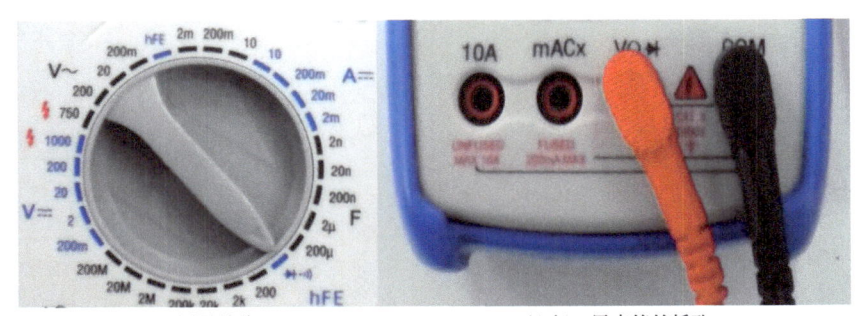

a) 测量档位　　　b) 红、黑表笔的插孔

图 6-3　选择档位

（2）基极判定　将万用表的红表笔接在晶体管假设的基极上，如图 6-4a 所示，黑表笔分别接在另外两个引脚上，如图 6-4b、c 所示。如果两次测量值均为 600 左右，则将红、黑表笔交换，再次测量，若两次结果都超量程，则假定正确，如图 6-4d、e 所示。否则假定错误，应重新假设。

（3）晶体管类型判定　测定基极后，将红表笔接在基极上，黑表笔接在其他引脚上。若测量值为 600 左右，则为 NPN 型晶体管，否则为 PNP 型晶体管。

（4）集电极和发射极的判定　选择万用表 h_{FE} 量程，如图 6-5 所示。

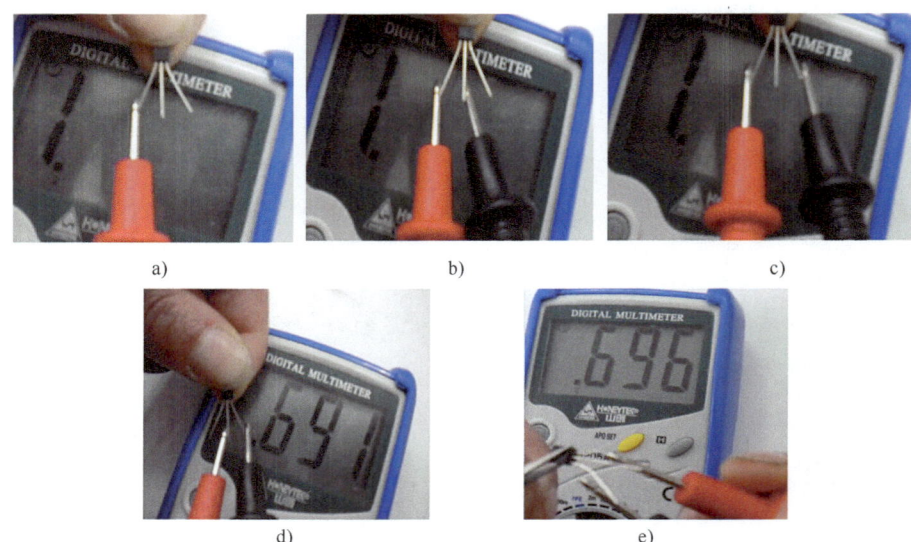

图 6-4 基极判定

（5）判断过程　将基极插入 B 孔，交换另外两个引脚的插孔，分别测量 h_{FE} 值。h_{FE} 值最大的一次对应的 C 孔为集电极，E 孔为发射极。如图 6-6 所示。

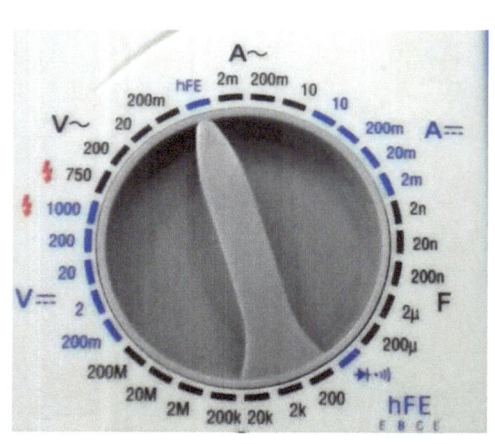

图 6-5　选择 h_{FE} 量程

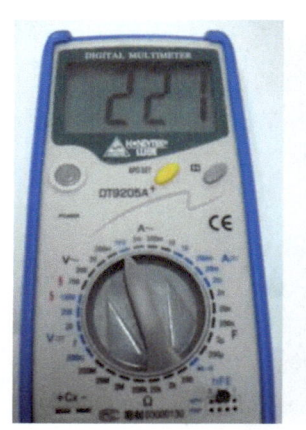

a) 结果大的一次

b) 结果小的一次

图 6-6　判定集电极和发射极

4. 任务报告

姓名：　　　　　　　　班级：　　　　　　　　组号：

项目	操作要点及规范	完成情况	结果说明
1. 工作服整洁,无配饰、钥匙、手表和手机		□是　□否	
2. 万用表档位选择		□是　□否	
3. 晶体管表笔插孔选择		□是　□否	
4. 晶体管基极的判定		□是　□否	

项目六 晶体管及其运用

（续）

项　　目	操作要点及规范	完成情况	结果说明
5. 晶体管类型的判定		□是　□否	
6. 万用表档位选择		□是　□否	
7. 晶体管集电极和发射极引脚的判定		□是　□否	
8. 填写工单		□是　□否	
9. 5S 工作		□是　□否	
10. 元器件无落地现象		□是　□否	
11. 遵守相关安全规范		□是　□否	
你遇到了什么困难？你怎样解决			
在本任务实施中需要注意哪些事项			
教师点评			
成绩		指导老师	

5. 学生作业评分表

开始时间：　　　　　结束时间：　　　　　学生姓名：　　　　　成绩：

序号	作业说明	配分	作业内容	评分标准	扣分	得分
1	穿戴个人防护用品及安全操作	5	正确穿戴个人防护用品	不按规定穿戴，每项扣0.5分，扣完为止		
		5	安全操作	出现安全事故扣5分（操作全过程中）；严重者指导老师有权终止其操作		
2	万用表校零	5	打开电源开关，旋置于电阻档	电源开关找错扣1分，档位选择错误扣2分		
			将两表笔短接，显示器显示"0"	操作不规范扣2分		
3	万用表档位选择	5	万用表选择测量二极管量程	按钮选择错误扣5分		
4	晶体管表笔插孔选择	10	红表笔选择 VΩ 插孔，黑表笔选择 COM 插孔	表笔插孔选择错误扣10分		
5	晶体管基极的判定	15	将万用表的红表笔接在晶体管假设的基极上，黑表笔分别接在另外两个引脚上。再交换表笔测量	未能正确测量扣5分，读数错误扣5分，未交换表笔测量扣5分		
6	晶体管类型的判定	10	根据测量结果判断晶体管类型	晶体管类型判断错误扣10分		

(续)

序号	作业说明	配分	作业内容	评分标准	扣分	得分
7	万用表档位选择	5	选择万用表 h_{FE} 量程	档位选择错误扣5分		
8	晶体管集电极和发射极引脚的判定	15	将基极插入B孔，交换另外两个引脚的插孔，分别测量 h_{FE} 值	未能正确判断发射极和集电极扣10分		
9	填写测量结果	15	正确填写测量结果并关闭万用表电源	填写不正确扣2分		
				忘记关闭电源扣5分		
10	安全文明操作	5	5S	不尊重指导老师扣2分；操作完毕后，不进行工位清洁、工具设备复位、废物统一收纳各扣1分，扣完为止		
11	时间限制	5		超时1min扣1分，超过5min终止操作并扣5分		
12	合计	100				

指导老师签名： 　　　　　　　　　　　　　　　　　　　　年　　月　　日

任务二　放大电路的制作

任务分析

放大的现象存在于各种场合，例如，使用放大镜放大微小物体，这是光学中的放大；利用杠杆原理用小力移动重物，这是力学中的放大；利用扬声器放大声音，这是电子学中的放大。放大电路在日常电路中有非常广泛的用途。

教学目标

知识目标：掌握共射放大电路的组成、工作原理。
技能目标：学会搭建基本共射放大电路，并用示波器观察放大后的信号。
情感目标：注意安全，勤于动手。

教学重点

共射放大电路的组成和放大信号的理解。

教学难点

搭建并调试共射放大电路。

[相关知识]

1. 放大电路的用途

放大电路可以将微弱的小信号不失真地放大，从而获取有用的信息，它在汽车电路中很常见。

2. 共射放大电路

图 6-7 所示为一个最基础的共射放大电路。它可以实现输入电压、电流的放大效果。电路中各元件的作用如下：

1）集电极电源 U_{CC}：其作用是为整个电路提供能源，保证晶体管的发射结正向偏置、集电结反向偏置。

2）基极偏置电阻 R_B：其作用是为基极提供合适的电流。

3）集电极电阻 R_C：其作用是将集电极电流的变化转换成电压的变化。

4）耦合电容 C_1、C_2：其作用是隔直流、通交流。

5）符号"⊥"为搭铁（一般表示接地）符号，是电路中的零参考电位。

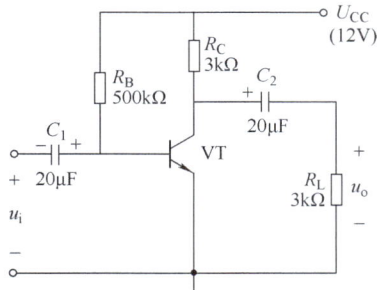

图 6-7 共射放大电路

3. 静态分析

静态分析的目的就是要通过计算在直流电压、电流作用下晶体管的相关电路物理量，分析晶体管的工作状态。晶体管的输出特性分为放大区、饱和区、截止区，只有工作在放大区才具有放大作用。要得到晶体管电路中的直流电流、电压值，只需考虑晶体管电路的直流通路。直流通路就是直流信号传递的路径，无交流信号输入和输出。

因为耦合电容对基极交流信号相当于开路，因此将电路中的耦合电容开路，就可得到对应的直流通路。按照这个原则，共射放大电路对应的直流通路如图 6-8 所示。这个直流通路中的直流电压和电流的数值就是静态工作点，包括 I_{BQ}、U_{BEQ}、I_{CQ} 和 U_{CEQ} 四个物理量。

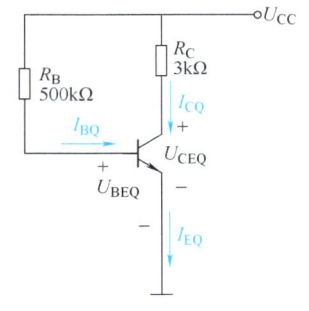

图 6-8 共射放大电路的直流通路

用估算法求取静态工作点，过程如下：

$$U_{BEQ} \approx 0.7V$$

$$I_{BQ} = \frac{U_{CC} - U_{BEQ}}{R_B} = \frac{12V - 0.7V}{500k\Omega} = \frac{11.3V}{500k\Omega} = 0.0226mA = 22.6\mu A$$

$$I_{CQ} = \beta I_{BQ} = 80 \times 22.6\mu A \approx 1.81mA$$

$$U_{CEQ} = U_{CC} - I_{CQ} \times R_C = 12V - 1.81mA \times 3k\Omega = 6.57V$$

式中，β 为电流放大倍数。

4. 动态分析

放大电路放大的对象是交流变化量，研究放大电路时除了要保证放大电路具有合适的静态工作点外，还要研究其放大性能。对于放大电路的放大性能有两个方面的要求：一是放大倍数要尽可能大；二是输出信号要尽可能不失真。首先通过分析放大电路的交流通路来明白性能要求。交流通路是指在交流信号源的作用下，交流电流所流过的路径。画交流通路的原则如下：

1）将放大电路的耦合电容看作短路。

2）将电源 U_{CC} 看作短路。

根据以上原则，画出共射放大电路的交流通路，如图 6-9 所示。

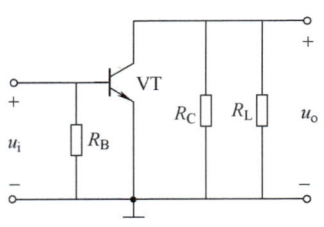

图 6-9 共射放大电路的交流通路

图 6-10 所示为交流物理量的变化曲线，通过这些曲线可以了解放大电路的工作过程。

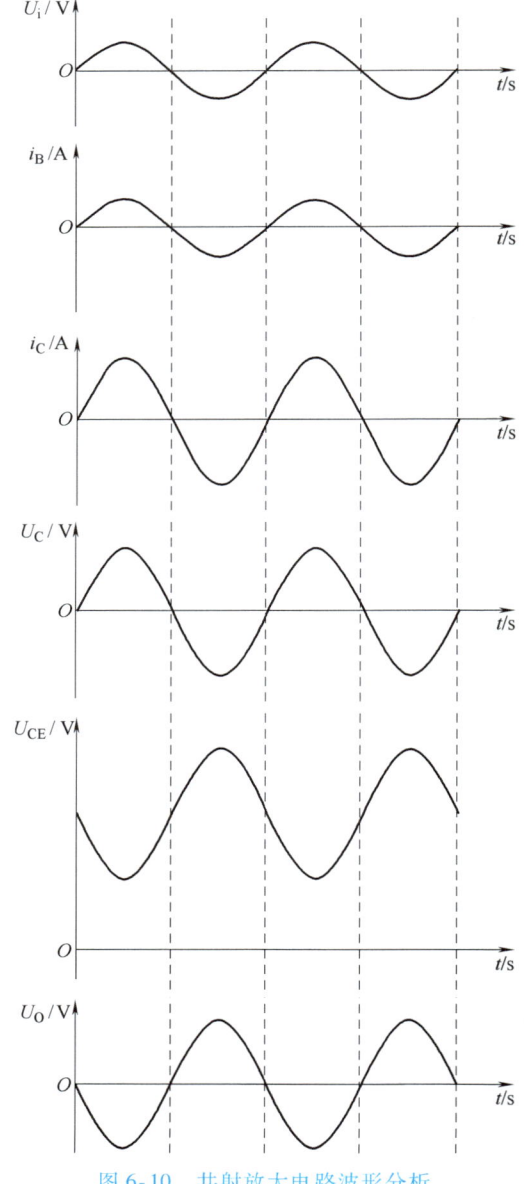

图 6-10 共射放大电路波形分析

项目六　晶体管及其运用

[任务实施]

1. 器材准备

数字万用表；晶体管、电阻、电容和导线若干；示波器和信号发生器；直流稳压电源。

2. 注意事项

1）保证人员、元器件和仪表的安全。
2）通电前需仔细检查测试电路。
3）保持工作环境的整洁。
4）熟练掌握万用表测量输出信号的基本流程。

3. 放大电路的搭建和检测

1）测量电阻的阻值，判别晶体管的型号。
2）搭建共射放大电路。
3）检查放大电路。
4）通电，测试晶体管的状态。
5）通过信号发生器输出信号。
6）使用函数示波器检查输出信号。

4. 任务报告

姓名：　　　　　　班级：　　　　　　组号：

项　目	操作要点及规范	完 成 情 况	结 果 说 明
1. 工作服整洁,无配饰、钥匙、手表和手机		□是　□否	
2. 测量电阻的阻值,判别晶体管的型号		□是　□否	
3. 搭建共射放大电路		□是　□否	
4. 检查放大电路		□是　□否	
5. 通电,测试晶体管的状态		□是　□否	
6. 通过信号发生器输出信号		□是　□否	
7. 使用函数示波器检查输出信号		□是　□否	
8. 填写工单		□是　□否	
9. 5S 工作		□是　□否	
10. 元器件无落地现象		□是　□否	
11. 遵守相关安全规范		□是　□否	
你遇到了什么困难？你怎样解决			
在本任务实施中需要注意哪些事项			
教师点评			
成绩		指导老师	

5. 学生作业评分表

开始时间：   结束时间：   学生姓名：   成绩：

序号	作业说明	配分	作业内容	评分标准	扣分	得分
1	穿戴个人防护用品及安全操作	5	正确穿戴个人防护用品	不按规定穿戴，每项扣0.5分，扣完为止		
		5	安全操作	出现安全事故扣5分（操作全过程中）；严重者指导老师有权终止其操作		
2	测量电阻的阻值，晶体管的型号	5	万用表测量电阻	电阻测量错误一个扣1分		
		5	万用表测量晶体管型号	晶体管型号判别错误扣5分		
3	搭建共射放大电路	10	按照电路图，搭建共射放大电路	没有搭建出共射放大电路扣10分		
4	检查放大电路	10	对照电路图，检测放大电路的搭建是否有问题	检测过程有误扣10分		
5	通电，测试晶体管的状态	15	将放大电路接入直流电源，用万用表测量晶体管B、C、E引脚的电压，判断晶体管的状态	未能正确接入直流电源扣3分，未能正确测量出电压扣9分，未能正确判断晶体管状态扣3分		
6	信号发生器输出信号	10	信号发生器产生1kHz、幅值为30μV的电压信号	未产生信号扣5分，未正确输入信号扣5分		
7	使用函数示波器检查输出信号	15	测量输出信号的波形，记录频率、幅值	测量位置错误扣5分，没有测量出波形扣10分		
8	填写测量结果	10	正确填写测量结果并关闭万用表电源	填写不正确扣2分		
				忘记关闭电源扣5分		
9	安全文明操作	5	5S	不尊重指导老师扣2分；操作完毕后，不进行工位清洁、工具设备复位、废物统一收纳各扣1分，扣完为止		
10	时间限制	5		超时1min扣1分，超过5min终止操作并扣5分		
11	合计	100				

指导老师签名：   年   月   日

任务三　开关电路的认识与检测

任务分析

在现代汽车电路中，电子控制单元（ECU）的执行机构主要有以下几种方式：控制继电器、控制电动机和大功率晶体管（达林顿管）。随着汽车电路的集成化越来越高，晶体管作为一种小电流控制大电流的器件，使用越来越广泛。本次任务主要学习 NPN 型和 PNP 型晶体管构成的开关电路。

教学目标

知识目标：掌握晶体管开关的原理与应用。
技能目标：学会使用万用表检测晶体管开关电路的状态。
情感目标：注意安全，勤于动手。

教学重点

使用万用表检测晶体管开关电路的状态。

教学难点

区别 PNP 型和 NPN 型晶体管组成的开关电路。

[相关知识]

1. 开关电路的用途

晶体管取代开关，主要应用晶体管输出特性中的截止区和饱和区。在截止区内，C、E 间相当于开关断开。在饱和区内，$U_{CE} \approx 0.1V$，C、E 间相当于开关闭合，处于导通状态。

2. NPN 型晶体管开关电路

图 6-11 所示为 NPN 型晶体管构成的开关电路。U_i 为输入，U_o 为输出；通过输入控制输出的电压和电流。

当输入 $U_i = 5V$ 时，U_{BE} 上的电压为 0.7V，晶体管处于饱和状态，C、E 间相当于开关闭合。输出 U_o 的电压为搭铁电压，$U_o \approx 0V$。

当输入 $U_i = 0V$ 时，U_{BE} 上的电压为 0V，晶体管处于截止状态，C、E 间相当于开关导通。输出 U_o 的电压就是电源电压，$U_o = 12V$。

3. 达林顿管

由于单个晶体管的放大电流能力有限，一般只能放大 100 倍左右。在汽车电路中，有些开关需要控制较大电流，因此，要求晶体管有足够的电流放大能力。达林

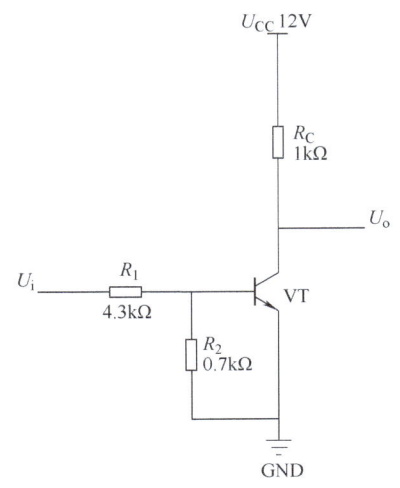

图 6-11　NPN 型晶体管构成的开关电路

顿管就是解决这个问题的一种方法。

达林顿管就是将两个晶体管连接在一起，如图 6-12 所示，极性以前面的晶体管为准。具体接法如下：以两个相同极性的晶体管为例，前面晶体管集电极同后面晶体管集电极相接，前面晶体管发射极同后面晶体管基极相接，前面晶体管的功率一般比后面晶体管的功率小，前面晶体管基极为达林顿管基极，后面晶体管发射极为达林顿管发射极，用法跟晶体管一样，放大倍数是两个晶体管放大倍数的乘积。如果 VT1 的放大倍数为 β_1，VT2 的放大倍数为 β_2，则达林顿管 VT 的放大倍数为 $\beta = \beta_1 \beta_2$。

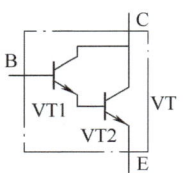

图 6-12　达林顿管内部原理图

4. 晶体管开关电路应用举例

汽车交流发电机的电压调节器采用 JFT106 型晶体管电压调节器，其电路如图 6-13 所示。

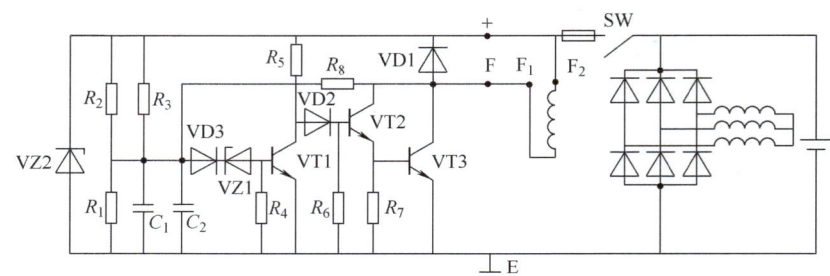

图 6-13　JFT106 型晶体管电压调节器电路

通过调节 F_1、F_2 间线圈中的电流大小，可调节发电机的输出电压，使发电机的电压不会因为转速的变化而出现较大波动。

电路中 VT1 构成了一个晶体管开关电路，VT2 和 VT3 构成了一个达林顿管。读者可通过应用前面所学的知识，分析该电路图的工作原理。

[任务实施]

1. 器材准备

数字万用表一台，教学仪器一台。

2. 注意事项

1）保证人员、元器件和仪表的安全。

2）保持工作环境的整洁。

3）熟练搭建 NPN 型开关电路，了解 PNP 型开关电路的组成。

4）熟练掌握检测开关电路状态的基本流程。

3. 开关电路的搭建和验证

1）给电源模块通电。

2）搭建晶体管开关电路，基极接 10kΩ 可调电阻后接输入信号，如图 6-14 所示；集电极接 100kΩ 可调电阻后连接 12V 直流电源，发射极搭铁，如图 6-15 所示。

项目六　晶体管及其运用

图 6-14　基极接 10kΩ 可调电阻

图 6-15　集电极接 100kΩ 可调电阻

3）检查电路连接。

4）通电，使用万用表检查开关电路的导通和截止状态。

输入 0V 电压，测量 B、E 间的电压和 C、E 间的电压，如图 6-16 所示。

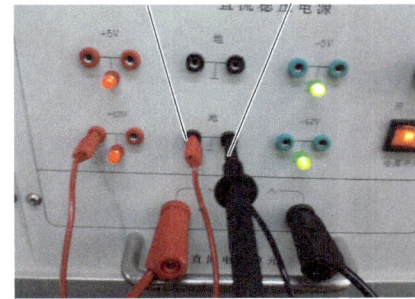

a) 低压信号输入

b) 测量输出电压

c) 万用表读数

图 6-16　输入低电压

输入 5V 电压,测量 B、E 间的电压和 C、E 间的电压,如图 6-17 所示。

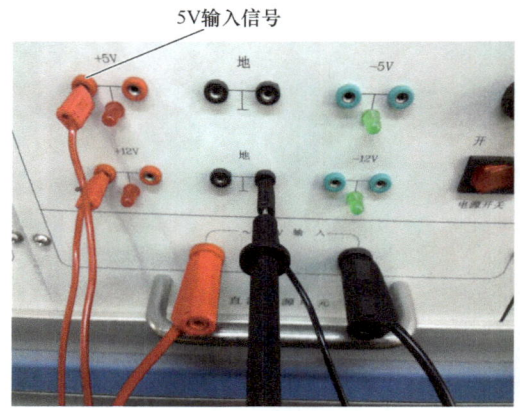

a) 高压信号输入　　　　　　b) 万用表读数

图 6-17　输入高电压

4. 任务报告

姓名：　　　　　　班级：　　　　　　组号：

项　目	操作要点及规范	完成情况	结果说明
1. 工作服整洁,无配饰、钥匙、手表和手机		□是　□否	
2. 给电源模块通电		□是　□否	
3. 搭建晶体管开关电路		□是　□否	
4. 检查电路连接		□是　□否	
5. 通电,使用万用表检查开关电路的导通和截止状态		□是　□否	
6. 填写工单		□是　□否	
7. 5S 工作		□是　□否	
8. 元器件无落地现象		□是　□否	
9. 遵守相关安全规范		□是　□否	
你遇到了什么困难?你怎样解决			
在本任务实施中需要注意哪些事项			
教师点评			
成绩		指导老师	

5. 学生作业评分表

开始时间： 　　　　结束时间： 　　　　学生姓名： 　　　　成绩：

序号	作业说明	配分	作业内容	评分标准	扣分	得分
1	穿戴个人防护用品及安全操作	5	正确穿戴个人防护用品	不按规定穿戴，每项扣0.5分，扣完为止		
		5	安全操作	出现安全事故扣5分（操作全过程中）；严重者指导老师有权终止其操作		
2	给电源模块通电	10	用红、黑色导线给直流电源通电	没有区分导线颜色扣5分		
				没有正常通电扣5分		
3	搭建晶体管开关电路	10	按照电路图，搭建电路	没有搭建出电路扣10分		
4	检查电路连接	10	对照电路图，检测电路的搭建是否有问题	检测过程有误扣5分，电路连接错误扣5分		
5	判断开关电路状态	40	在输入端接入高电压，用万用表测量输出端的电压	没有正确输入高电压扣10分，没有测量到输出电压扣10分		
			在输入端接入低电压，用万用表测量输出端的电压	没有正确输入低电压扣10分，没有测量到输出电压扣10分		
6	填写测量结果	10	正确填写测量结果并关闭万用表电源	填写不正确扣2分		
				忘记关闭电源扣5分		
7	安全文明操作	5	5S	不尊重指导老师扣2分；操作完毕后，不进行工位清洁、工具设备复位、废物统一收纳各扣1分，扣完为止		
8	时间限制	5		超时1min扣1分，超过5min终止操作并扣5分		
9	合计	100				

指导老师签名： 　　　　　　　　　　　　　　　　　　　年　　月　　日

项目七

锡焊基本知识

项目描述

焊接是一种连接金属或热塑性材料的制造或雕塑过程。现代汽车电路中,锡焊普遍存在。对于汽车电路的维修,锡焊工艺必不可少。本项目首先介绍简单的锡焊工艺,然后通过简单的放大电路焊接,复习晶体管的应用,熟练掌握焊接工艺操作过程。

学习目标

认识手工锡焊,掌握焊接方法。学会手工焊接技术,能够焊接、检查简单的电子电路。

任务一　认识锡焊与焊接元器件

任务分析

采用锡钎钎料进行的焊接称为锡焊,它属于软焊。锡焊是最早得到广泛应用的一种电子产品的布线连接方法。当前,虽然焊接技术发展很快,但锡焊在电子产品装配中仍占据连接技术的主导地位。

教学目标

知识目标:认识手工锡焊,掌握焊接方法。
技能目标:学会手工焊接技术,能够焊接简单的电子电路。
情感目标:注意安全,勤于动手。

教学重点

手工焊接技术。

教学难点

手工焊接技术。

[相关知识]

1. 锡焊的简介

锡焊与其他焊接方法相比具有如下特点:

1) 焊接方法简单、易形成焊点。锡焊焊点是利用熔融的液态钎料的浸润作用而形成的,因而对加热量和钎料都无需精确的要求。例如,使用手工焊接工具电烙铁进行焊接就非常方便,且焊点大小允许有一定的自由度,可以一次形成焊点。若用机器进行焊接,还可以成批次形成焊点。

2) 焊接设备比较简单,容易实现焊接自动化。锡焊钎料熔点较低,有利于浸焊、波峰焊和再流焊的实现,便于与生产流水线配制,实现焊接自动化。

3) 钎料熔点低,适用范围广。锡焊属于软焊,钎料熔化温度在 180~320℃ 之间。除含有大量铬和铝等合金的金属材料不宜采用锡焊焊接外,其他金属材料大都可以采用锡焊焊接,因而适用范围很广。

4) 成本低廉,操作方便。锡焊比其他焊接方法成本低,钎料价格也便宜。焊接工具(电烙铁)简单、操作方便,而且维修焊点、拆换元件以及重新焊接都很方便。

2. 手工锡焊的工具

手工焊接工具包括内热式电烙铁、外热式电烙铁、吸锡电烙铁、恒温电烙铁和热风枪等,如图 7-1 所示。

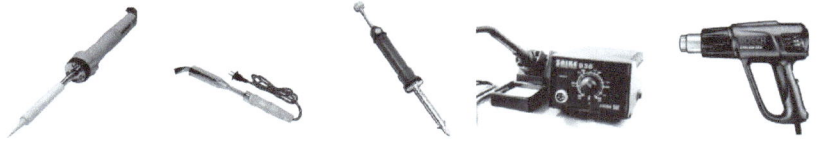

a) 内热式电烙铁 b) 外热式电烙铁 c) 吸锡电烙铁 d) 恒温电烙铁 e) 热风枪

图 7-1 手工焊接工具

(1) 内热式电烙铁 内热式电烙铁由连接杆、手柄、弹簧夹、烙铁心、烙铁头(俗称铜头)等组成。其中,烙铁心安装在烙铁头的里面,故称为内热式电烙铁。烙铁心采用镍铬电阻丝绕在瓷管上制成,且可更换。一般 20W 电烙铁的电阻为 2.4kΩ 左右,35W 电烙铁的电阻为 16kΩ 左右。

电烙铁的功率越大,烙铁头的温度就越高。焊接集成电路、印制电路板、CMOS 电路一般选用 20W 的内热式电烙铁。若使用的电烙铁功率过大,容易烫坏元器件(一般二极管、晶体管的结点温度超过 200℃ 就会损坏)或使印制导线从基板上脱落;若使用的电烙铁功率太小,焊锡不能充分熔化,焊剂不能发挥出来,焊点不光滑、不牢固,易产生虚焊。焊接时间过长,则会烧坏元器件,一般每个焊点在 1.5~4s 内完成。

(2) 外热式电烙铁 外热式电烙铁一般由烙铁头、烙铁心、外壳、手柄、插头等部分组成。烙铁头采用热传导性好的以铜为基体的铜-锑、铜-铍、铜-铬-锰及铜-

镍－铬等合金材料制成。烙铁头在连续使用后其作业面会变得凹凸不平，需用锉刀锉平。即使是新烙铁头，在使用前也要用锉刀去掉烙铁头表面的氧化物，然后接通电源，待烙铁头加热到颜色发紫时，再用含松香的焊锡丝摩擦烙铁头，使烙铁头挂上一层薄锡。

烙铁头安装在烙铁心里面，故称为外热式电烙铁。烙铁头的长短可以调整，烙铁头越短，其温度就越高。

（3）吸锡电烙铁 在电子产品的调试与维修过程中，有时印制电路板焊点上的锡砣不易清除，而难以取下安装在印制电路板上的元器件，这时，若采用吸锡电烙铁进行拆焊就非常方便。

吸锡电烙铁的烙铁头是空心的，而且多了一个吸锡装置。操作时，先加热焊点，待焊锡熔化后，按动吸锡装置，则焊锡被吸走，元器件与印制电路板脱焊。

（4）恒温电烙铁 恒温电烙铁内部采用高居里温度条状的 PTC 恒温发热元件，配设紧固导热结构，其特点是优于传统的电热丝烙铁心，升温迅速、节能、工作可靠、寿命长、成本低廉，用低电压 PTC 发热心就能在野外使用，便于维修工作。

（5）热风枪 热风枪是手机维修中使用最多的工具之一，使用的工艺要求也很高。从取下或安装小元件到大片的集成电路，都要用到热风枪。不同的场合对热风枪的温度和风量等会有特殊要求，温度过低会造成元件虚焊，温度过高会损坏元件及电路板；风量过大会吹跑小元件，因此不要因为价格问题去选择低档次的热风枪。

（6）其他配件 手工焊接工具的其他配件包括焊锡、松香、吸水海绵、吸焊器、防静电镊子等。焊锡如图 7-2a 所示，松香、吸水海绵如图 7-2b 所示，吸焊器如图 7-2c 所示，防静电镊子如图 7-2d 所示。

a) 焊锡

b) 松香、吸水海绵

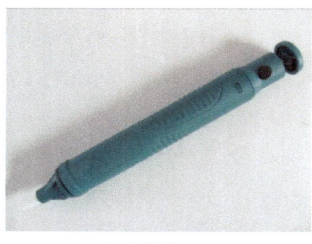
c) 吸焊器

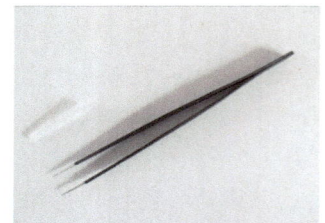
d) 防静电镊子

图 7-2 常见的焊接配件

3. 手工焊接的操作方法

（1）电烙铁及焊件的搪锡 烙铁头的搪锡：新烙铁头、已氧化不粘锡或使用过久而出现凹坑的烙铁头可先用砂纸或细锉刀打磨，使其露出纯铜光泽；而后将电烙铁通电 2 ~ 3min，加热后使烙铁头吸锡，再在放松香颗粒的细砂纸上反复摩擦，直到烙铁头上挂上一层薄锡，这就是烙铁头的搪锡。

导线及元器件引线搪锡：先用小刀或细砂纸清除导线或元器件引线表面的氧化层，元器件引脚根部留出一小段不刮，以防止引线根部被刮断。对于多股引线也应逐根刮净，之后将多股线拧成绳状进行搪锡。

搪锡过程如下：电烙铁通电 2 ~ 3min 后，使烙铁头接触松香，若松香发出"吱吱"响声，并且冒出白烟，则说明烙铁头温度适当，然后将刮好的焊件引线放在松香上，用烙铁头轻压引线，同时往复摩擦且转动引线，务必使引线各部分均匀上好一层锡。

（2）电烙铁的握法　根据电烙铁的大小、形状和被焊件的要求等不同情况，电烙铁的握法通常有三种，如图 7-3 所示。

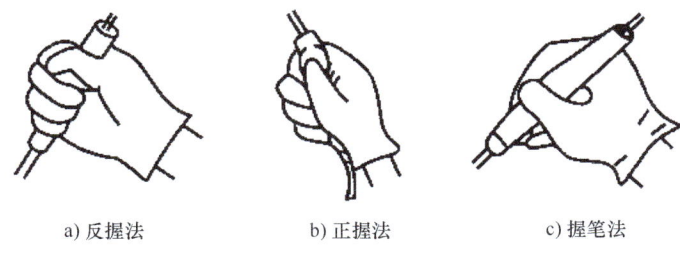

a) 反握法　　　　b) 正握法　　　　c) 握笔法

图 7-3　电烙铁的握法

1）反握法，即用五指把电烙铁手柄握在手掌内。这种握法动作稳定，适用于大功率的电烙铁和热容量大的被焊件。

2）正握法，适用于弯烙铁头操作或直烙铁头在机架上焊接互连导线时的操作。

3）握笔法，就像写字时握笔一样，适用于小功率电烙铁和热容量小的被焊件的焊接。

（3）焊锡丝的拿法　焊锡丝的拿法分为两种：一种是连续工作时的拿法，即用左手的拇指、食指和小指夹住焊锡丝，用另外两个手指配合就能把焊锡丝连续向前送进；另一种为：焊锡丝通过左手的虎口，用大拇指和食指夹住，这种拿焊锡丝的方法不能连续向前送进焊锡丝。

（4）手工焊接的操作方法　手工焊接的具体操作方法常用五工序法。

五工序法的操作步骤如下：

1）准备阶段。烙铁头和焊锡丝同时移向焊接点。

2）把烙铁头放在被焊部位上进行加热。

3）放上焊锡丝，被焊部位加热到一定温度后，立即将手中的 V 形焊锡丝放到焊接部位，熔化焊锡丝。

4）移开焊锡丝。当焊锡丝熔化到一定量后，迅速撤离焊锡丝。

5）当钎料扩散到一定范围后，移开电烙铁。

[任务实施]

1. 器材准备

数字万用表；电阻；电烙铁、焊锡、镊子等焊接工具。

2. 注意事项

1）保证人员、电烙铁的安全。
2）保证焊接元器件无损坏。
3）保持工作环境的整洁。
4）熟练掌握手工锡焊基本流程。

3. 锡焊的基本步骤

1）准备阶段，处理好元器件的引脚，确定焊接位置，如图7-4a～d所示。

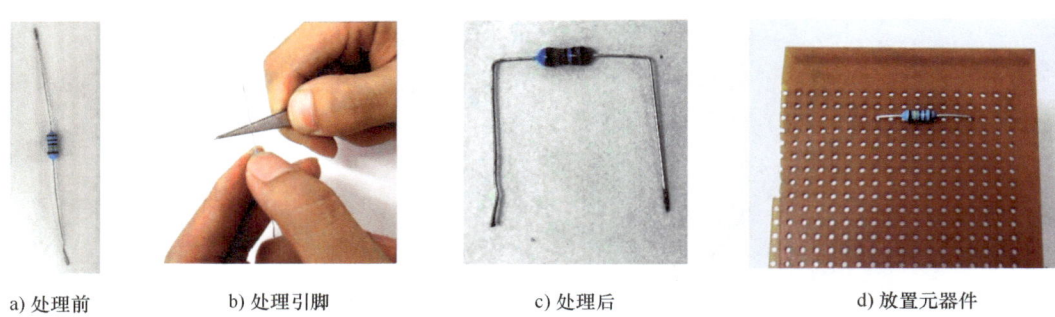

a）处理前　　b）处理引脚　　c）处理后　　d）放置元器件

图7-4　准备阶段

2）把烙铁头放在被焊部位上进行加热，如图7-5a所示。

3）放上焊锡丝，被焊部位加热到一定温度后，立即将手中的V形焊锡丝放到焊接部位，熔化焊锡丝，如图7-5b所示。

4）移开焊锡丝。当焊锡丝熔化到一定量后，迅速撤离焊锡丝，如图7-5c所示。

5）当钎料扩散到一定范围后，移开电烙铁，如图7-5d所示。

6）检测焊接效果。

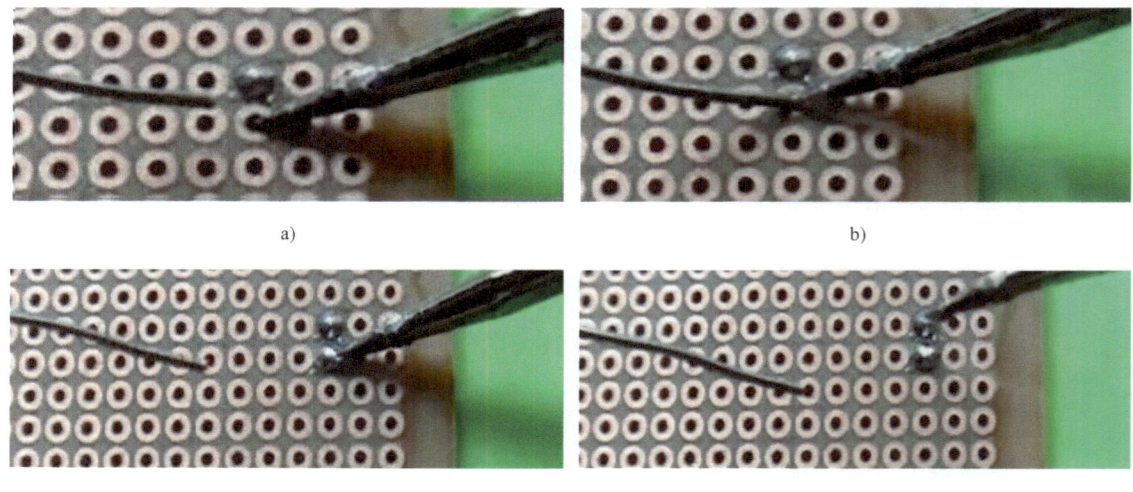

a）　　b）

c）　　d）

图7-5　焊接引脚

4. 任务报告

姓名：　　　　　　　　班级：　　　　　　　　组号：

项　目	操作要点及规范	完成情况	结果说明
1. 工作服整洁,无配饰、钥匙、手表和手机		□是　□否	
2. 处理好元器件的引脚,确定焊接位置		□是　□否	
3. 把烙铁头放在被焊部位上进行加热		□是　□否	
4. 放上焊锡丝,被焊部位加热到一定温度后,立即将手中的 V 形焊锡丝放到焊接部位,熔化焊锡丝		□是　□否	
5. 移开焊锡丝。当焊锡丝熔化到一定量后,迅速撤离焊锡丝		□是　□否	
6. 当钎料扩散到一定范围后,移开电烙铁		□是　□否	
7. 检测焊接效果		□是　□否	
8. 填写工单		□是　□否	
9. 5S 工作		□是　□否	
10. 元器件无落地现象		□是　□否	
11. 遵守相关安全规范		□是　□否	
你遇到了什么困难？你怎样解决			
在本任务实施中需要注意哪些事项			
教师点评			
成绩		指导老师	

5. 学生作业评分表

开始时间：　　　　　　结束时间：　　　　　　学生姓名：　　　　　　成绩：

序号	作业说明	配分	作业内容	评分标准	扣分	得分
1	穿戴个人防护用品及安全操作	5	正确穿戴个人防护用品	不按规定穿戴,每项扣 0.5 分,扣完为止		
		5	安全操作	出现安全事故扣 5 分(操作全过程中);严重者指导老师有权终止其操作		
2	处理好元器件的引脚,确定焊接位置	10	用小刀或细砂纸清除导线或元器件引线表面的氧化层	未清除氧化层扣 10 分		
		10	将元器件引脚按需求弯曲	未处理元器件引脚扣 10 分		
3	把烙铁头放在被焊部位上进行加热	10	把烙铁头放在被焊部位上进行加热	烙铁头长时间放置于被焊部位扣 5 分,放置位置错误扣 5 分		

(续)

序号	作业说明	配分	作业内容	评分标准	扣分	得分
4	供给焊锡	10	放上焊锡丝,被焊部位加热到一定温度后,立即将手中的V形焊锡丝放到焊接部位,熔化焊锡丝	未及时上锡扣5分		
5	移开焊锡丝	10	当焊锡丝熔化到一定量后,迅速撤离焊锡丝	上锡过多、过少扣5分		
6	移开电烙铁	10	当钎料扩散到一定范围后,移开电烙铁	移开时间太迟扣5分,电烙铁放置位置错误扣5分		
7	检测焊接效果	10	目视或用万用表测量焊接效果	出现锡量过多、过少、冷焊、剥离等现象扣10分		
8	填写测量结果	10	正确填写测量结果并关闭万用表电源	填写不正确扣2分		
				忘记关闭电源扣5分		
9	安全文明操作	5	5S	不尊重指导老师扣2分;操作完毕后,不进行工位清洁、工具设备复位、废物统一收纳各扣1分,扣完为止		
10	时间限制	5		超时1min扣1分,超过5min终止操作并扣5分		
11	合计	100				

指导老师签名：　　　　　　　　　　　　　　　　　　　　　年　　月　　日

任务二　放大电路实物制作

任务分析

在电子产品的调试、维修工作中,常需更换一些元器件。更换元器件时,首先应将需更换的元器件拆焊下来。若拆焊的方法不当,就会造成印制电路板或元器件的损坏。本任务通过焊接放大电路实物,在实际操作中掌握锡焊的一些基本技能。

教学目标

知识目标：复习晶体管共射放大电路的原理,回顾手工锡焊的过程。
技能目标：学会手工焊接技术,能够焊接、检查简单的电子电路。
情感目标：注意安全,勤于动手。

教学重点

焊接简单的电子电路。

项目七 锡焊基本知识

教学难点

检查焊接完的电子电路。

[相关知识]

1. 原理图

图 7-6 所示为一个最基本的共射放大电路，其实现的功能是将左边输入的电压信号放大。

2. 拆焊

对于一般的电阻、电容、晶体管等引脚不多的元器件，可采用电烙铁直接进行分点拆焊。方法是一边用电烙铁（烙铁头一般不需蘸锡）加热元器件的焊点，一边用镊子或尖嘴钳夹住元器件的引线，轻轻地将其拉出来，再对原焊点的位置进行清理，认真检查是否因拆焊而造成相邻电路短接或开路，如图 7-7 所示。

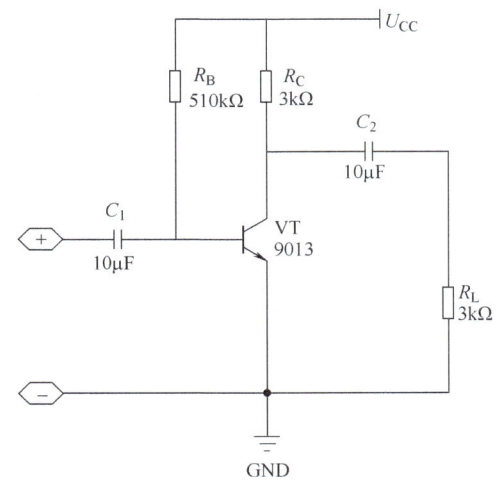

图 7-6 共射放大电路

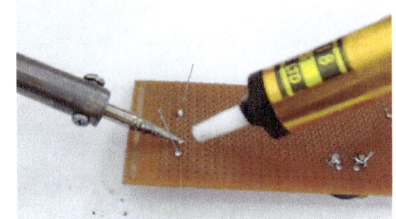
a) 分点拆焊

b) 拆焊后

图 7-7 元器件拆焊

[任务实施]

1. 器材准备

器材清单详见表 7-1。

表 7-1 器材清单

序 号	名 称	规 格	数 量	序 号	名 称	规 格	数 量
1	电阻	510kΩ	1	7	双踪示波器	—	1
2	电阻	3kΩ	2	8	直流电压源	—	1
3	电容	10μF	2	9	万用表	—	1
4	晶体管	9013	1	10	导线	—	若干
5	接线柱	—	若干	11	焊锡	—	若干
6	信号发生器	—	1	12	万用板	—	1

2. 注意事项

1）保证人员、元器件、仪器的安全。

2）保证焊接元器件无损坏。

3）保持工作环境的整洁。

4）熟练掌握手工锡焊基本流程。

3. 共射放大电路的焊接和检测

1）焊接前认真了解电路原理。

2）弄清楚元器件和实物的对应关系，并对所有元器件进行预检查，确保元器件处于良好状态。

3）将电阻、电容、晶体管、接线柱连接在万用板上焊好。晶体管焊接、R_C 电阻焊接、R_B 电阻焊接、C_1 电容焊接、C_2 电容和 R_L 电阻焊接、电源和接地端焊接分别如图 7-8 至图 7-13 所示。

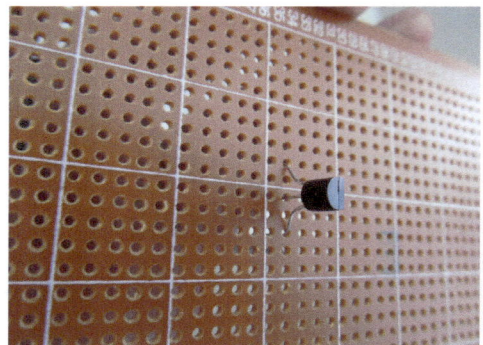 

图 7-8　晶体管焊接

图 7-9　R_C 电阻焊接

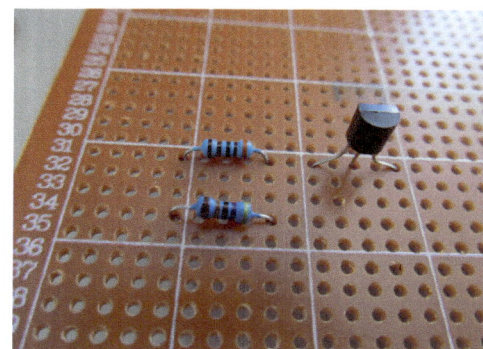 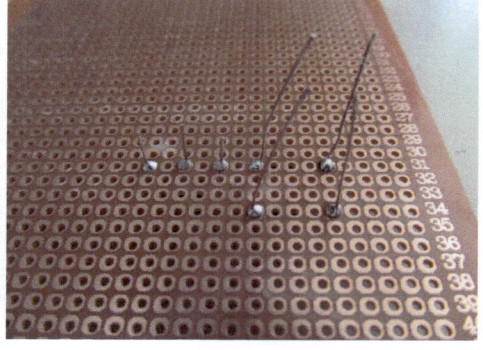

图 7-10　R_B 电阻焊接

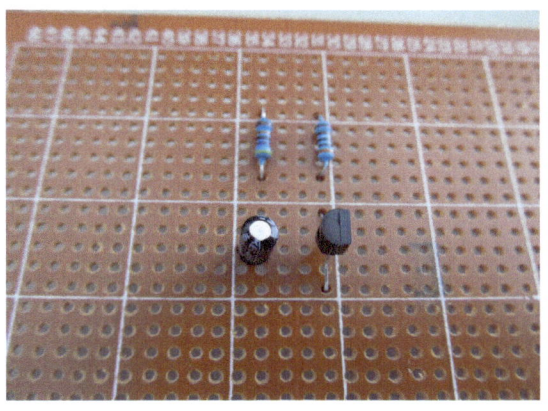

图 7-11　C_1 电容焊接　　　　　　　　图 7-12　C_2 电容和 R_1 电阻焊接

4）焊接元器件之间的连接导线，如图 7-14 所示。

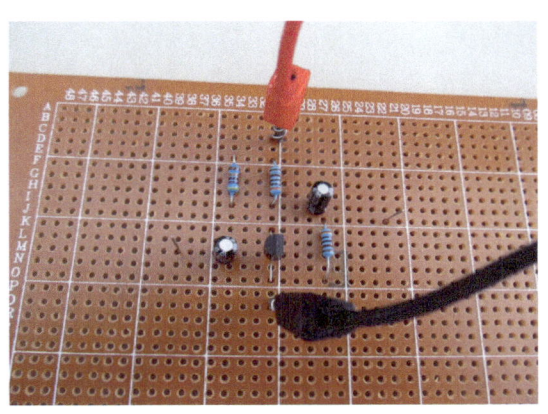

图 7-13　电源、接地端焊接　　　　　　图 7-14　元器件端引脚连接焊接

5）检测验收。

① 检测电路板上所有元器件是否正确焊接，有无虚焊、漏焊现象。

② 复核无误后通电，用万用表测量晶体管的静态工作点 Q 点各个物理量的值，做好记录，判断晶体管是否处于放大状态。

③ 在电路的输入端接入信号发生器，输入 $V_{p-p}=20\mu V$、$f=10kHz$ 偏移量为零的正弦交流电。通过双踪示波器观察输入输出波形，绘出电压图像。

4. 任务报告

姓名：　　　　　　　班级：　　　　　　　组号：

项　　目	操作要点及规范	完成情况	结果说明
1. 工作服整洁,无配饰、钥匙、手表和手机		□是　□否	
2. 焊接前认真了解电路原理		□是　□否	
3. 对所有元器件进行预检查		□是　□否	
4. 将电阻、电容、晶体管、接线柱连接在万用板上焊好		□是　□否	
5. 焊接好元器件之间的连接导线		□是　□否	

(续)

项　　目	操作要点及规范	完成情况	结果说明
6. 检测验收		□ 是　□ 否	
7. 记录测试结果		□ 是　□ 否	
8. 填写工单		□ 是　□ 否	
9. 5S 工作		□ 是　□ 否	
10. 元器件无落地现象		□ 是　□ 否	
11. 遵守相关安全规范		□ 是　□ 否	
你遇到了什么困难？你怎样解决			
在本任务实施中需要注意哪些事项			
教师点评			
成绩		指导老师	

5. 学生作业评分表

开始时间：　　　　结束时间：　　　　学生姓名：　　　　成绩：

序号	作业说明	配分	作业内容	评分标准	扣分	得分
1	穿戴个人防护用品及安全操作	5	正确穿戴个人防护用品	不按规定穿戴，每项扣 0.5 分，扣完为止		
		5	安全操作	出现安全事故扣 5 分（操作全过程中）；严重者指导老师有权终止其操作		
2	读电路图	10	焊接前认真了解电路原理	未读图扣 10 分		
3	对所有元器件进行预检查	20	检测电阻、晶体管的好坏，区分电容的正负极	未检测电阻扣 5 分，未检测电容扣 5 分，未检测晶体管扣 10 分		
4	焊接元器件	10	将电阻、电容、晶体管、接线柱连接在万用板上焊好	元器件焊接有问题每个扣 5 分		
5	焊接好元器件之间的连接导线	10	正确连接各个元器件，保证线路连接牢固、美观	导线连接有问题每项扣 5 分		
6	检测验收	10	输入待放大的正弦电压信号	未输入正确的电压信号扣 10 分		
		10	测量放大后的电压信号	未检测到正确的输出信号扣 10 分		
7	填写测量结果	10	正确填写测量结果并关闭万用表电源	填写不正确扣 2 分		
				忘记关闭电源扣 5 分		
8	安全文明操作	5	5S	不尊重指导老师扣 2 分；操作完毕后，不进行工位清洁、工具设备复位、废物统一收纳各扣 1 分，扣完为止		
9	时间限制	5		超时 1min 扣 1 分，超过 5min 终止操作并扣 5 分		
10	合计	100				

指导老师签名：　　　　　　　　　　　　　　　　　　　年　　月　　日

项目八

数字电路

数字电路的发展与模拟电路一样经历了由电子管、半导体分立器件到集成电路等几个时代,但其发展比模拟电路发展得更快。从 20 世纪 60 年代开始,数字集成器件以双极型工艺制成了小规模逻辑器件,随后发展到中规模逻辑器件;20 世纪 70 年代末,微处理器的出现,使数字集成电路的性能产生质的飞跃。汽车电路中,数字电路所占的比重也越来越大。

本项目介绍了数字电路领域的基础知识,包括逻辑关系、逻辑门电路、集成电路芯片等知识点,重在建立一个数字电路的知识概念,掌握数字电路的实验方法。

学习目标

了解常见的逻辑关系,熟练掌握简单逻辑门电路的功能,认识简单的组合逻辑电路。

任务一　简单逻辑门电路

任务分析

通过学习简单逻辑门电路,了解信号在电路中的一些处理方法,对于汽车电路的学习有非常重要的作用。

教学目标

知识目标:了解常见的逻辑关系,掌握简单逻辑门电路的功能。
技能目标:学会通过实验验证简单逻辑门的功能。
情感目标:注意安全,勤于动手。

教学重点

掌握简单逻辑门电路的逻辑功能。

教学难点

通过实验验证逻辑门的功能。

[相关知识]

1. 数字电路的基本概念

（1）数字信号　在时间和数值上都离散的信号。

（2）数字电路　处理数字信号的电路。

（3）逻辑体制　正逻辑——高电平为1，低电平为0；负逻辑——高电平为0，低电平为1。

（4）逻辑电路　在数字电路中，电路的输入信号与输出信号之间存在一定的逻辑关系。实现这种逻辑关系的数字电路称为逻辑电路。

2. 基本逻辑关系

（1）与逻辑　只有当决定一件事情发生的所有条件都具备的时候，这件事情才会发生。

（2）或逻辑　当决定一件事情发生的所有条件之中，只要有一个或一个以上条件具备的时候，这件事情就会发生。

（3）非逻辑　某事情发生与否，只取决于一个条件，该条件具备时，事情不发生，该条件不具备时，事情才发生。

3. 与门

图8-1a所示为与逻辑电路。开关 A 与 B 串联后控制指示灯 Y，只有当 A 与 B 都闭合时（全为"1"时）；灯 Y 才亮（为"1"）；A 与 B 中只要一个断开（为"0"），则 Y 不亮（为"0"）。Y 与 A、B 的这种关系称为与逻辑。

与逻辑关系又称为逻辑乘，其表达式为

$$Y = A \cdot B = AB$$

实现与逻辑关系的电子电路称为与门电路，简称与门。图8-1b所示为由二极管组成的与门电路，图8-1c所示为与门逻辑符号。与逻辑也可用逻辑状态真值表来表示，见表8-1。

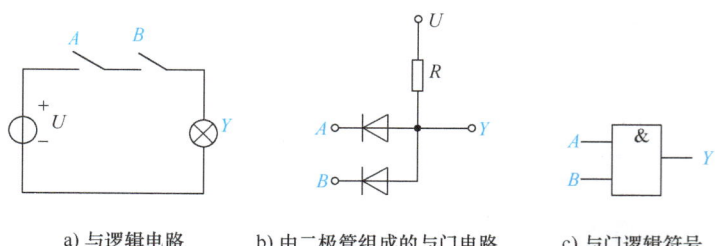

a) 与逻辑电路　　b) 由二极管组成的与门电路　　c) 与门逻辑符号

图8-1　与门电路及符号

表 8-1 与门真值表

A	B	Y
0	0	0
0	1	0
1	0	0
1	1	1

由与门真值表和逻辑表达式可以得出逻辑乘的运算规律为

$$0 \cdot 0 = 0 \quad 0 \cdot 1 = 0 \quad 1 \cdot 0 = 0 \quad 1 \cdot 1 = 1$$

与门为多入单出门电路，对于有多个输入端的与逻辑可用下式表示

$$Y = ABCD\cdots$$

逻辑功能总结为："有 0 出 0，全 1 出 1"。

4. 或门

图 8-2a 所示为或逻辑电路，在电路中，两开关 A、B 并联后控制指示灯 Y。只要 A 或 B 有一个接通（为"1"），灯 Y 就亮（为"1"）；而 A、B 全断开时（全为"0"），Y 才不亮（为"0"）。Y 与 A、B 的这种关系称为或逻辑。或逻辑关系又称为逻辑加，其表达式为

$$Y = A + B$$

实现或逻辑关系的电路称为或门电路，简称或门。

图 8-2b 所示为由二极管组成的或门电路，图 8-2c 所示为或门逻辑符号，或门真值表见表 8-2。

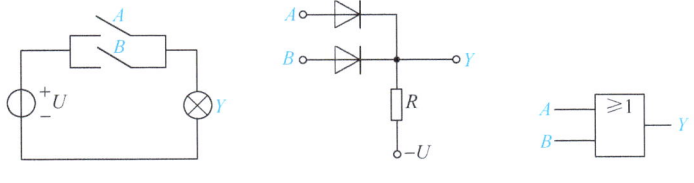

a) 或逻辑电路   b) 由二极管组成的或门电路   c) 或门逻辑符号

图 8-2 或门电路及符号

表 8-2 或门真值表

A	B	Y
0	0	0
0	1	1
1	0	1
1	1	1

由或门真值表和逻辑表达式，可得出逻辑加的运算规律为

$$0 + 0 = 0 \quad 0 + 1 = 1 \quad 1 + 0 = 1 \quad 1 + 1 = 1$$

同样，或门输入变量可以是多个，表达式为

$$Y = A + B + C + \cdots$$

逻辑功能总结为："有 1 出 1，全 0 出 0"。

5. 非门

图 8-3a 所示为非逻辑电路，开关 A 与灯 Y 并联。当开关 A 接通（为"1"）时，灯 Y 不亮（为"0"）；当 A 断开（为"0"）时，灯 Y 亮（为"1"），Y 与 A 的状态相反。这种关系称为非逻辑，非逻辑关系也叫逻辑非，其表达式为

$$Y = \overline{A}$$

图 8-3b 所示为由晶体管构成的非门电路，图 8-3c 所示为非门逻辑符号。非门真值表见表 8-3。

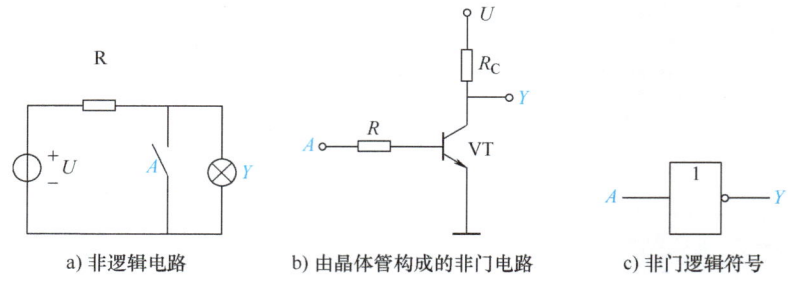

a) 非逻辑电路　　b) 由晶体管构成的非门电路　　c) 非门逻辑符号

图 8-3　非门电路及符号

表 8-3　非门真值表

A	Y
0	1
1	0

[任务实施]

1. 器材准备

1) 天煌教学仪器一台，面包板，面包板专用导线。
2) 74LS08 芯片。

2. 注意事项

1) 保证人员的安全。
2) 保证电子器件无损坏。
3) 保持工作环境的整洁。
4) 熟练掌握本任务实施项目的操作规程。

3. 与门功能验证实验

1) 观察实验中所需要用到的电子设备和器件，如图 8-4 所示。
2) 观察 74LS08 的内部结构图，如图 8-5 所示。
3) 电源模块通电，如图 8-6 所示。
4) 电压表模块通电，如图 8-7 所示。
5) 将 74LS08 安装在万用板上，如图 8-8 所示。
6) 74LS08 芯片接 +5V 电源，如图 8-9 所示。
7) 74LS08 芯片接地，如图 8-10 所示。

项目八　数字电路

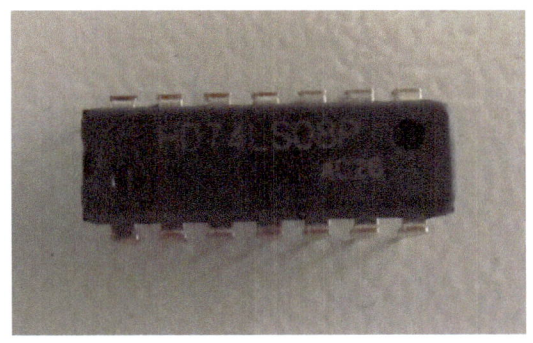

图 8-4　74LS08 器件

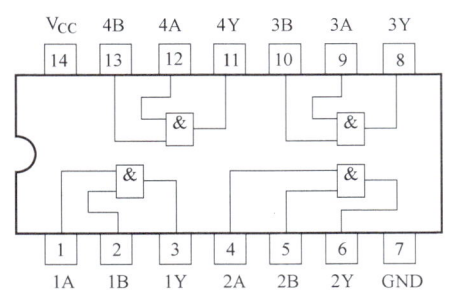

图 8-5　74LS08 的内部结构图

图 8-6　电源模块通电

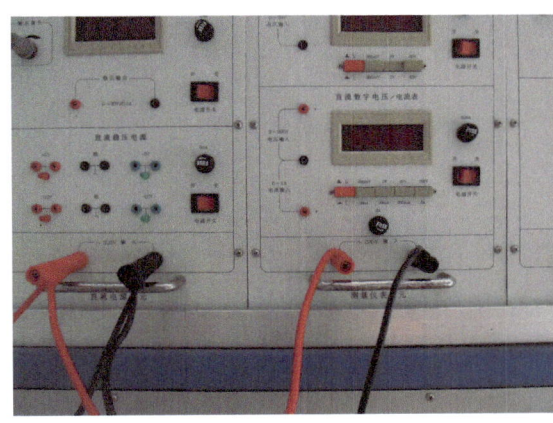

图 8-7　电压表模块通电

图 8-8　将 74LS08 安装在万用板上

 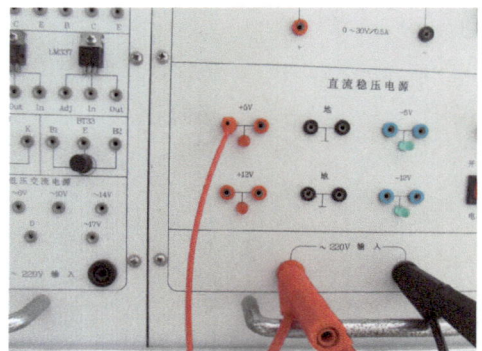

图 8-9　74LS08 芯片接 +5V 电源

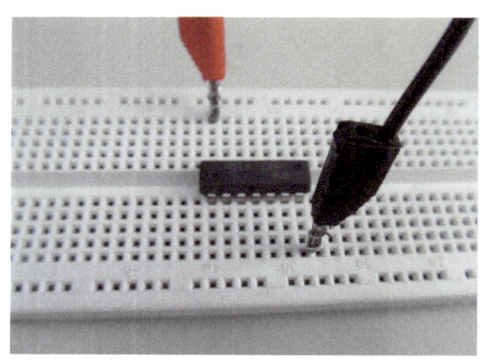 

图 8-10　74LS08 芯片接地

8）74LS08 芯片 1 引脚，即与门输入 A 端，接 0 信号，如图 8-11 所示。

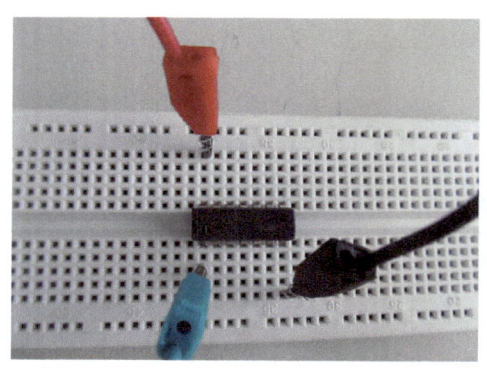 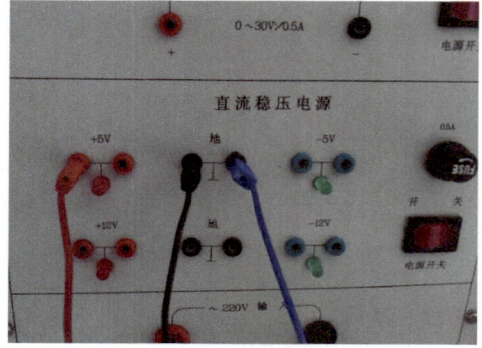

图 8-11　74LS08 芯片 1 引脚接 0 信号输入

9）74LS08 芯片 2 引脚，即与门输入 B 端，接 0 信号，如图 8-12 所示。

10）74LS08 芯片 3 引脚，即与门输出 Y 端，接直流电压表，选择 20V 档位，如图 8-13 所示。

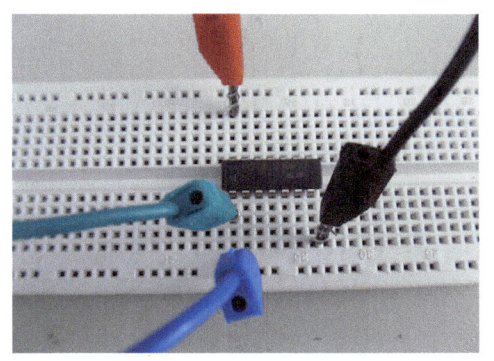
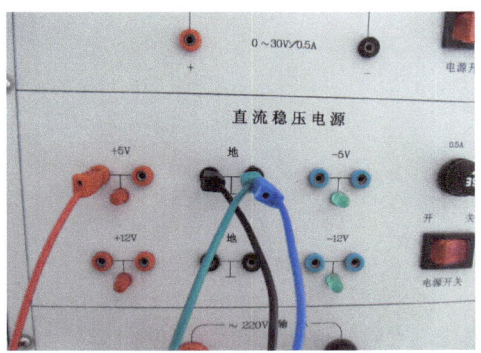

图 8-12　74LS08 芯片 2 引脚接 0 信号输入

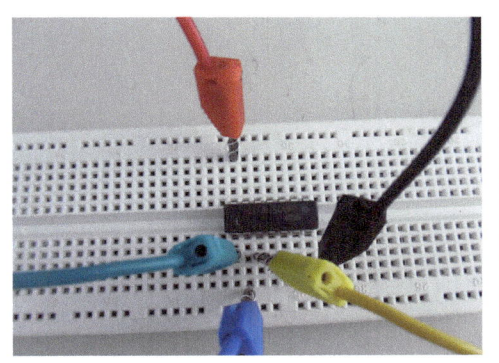
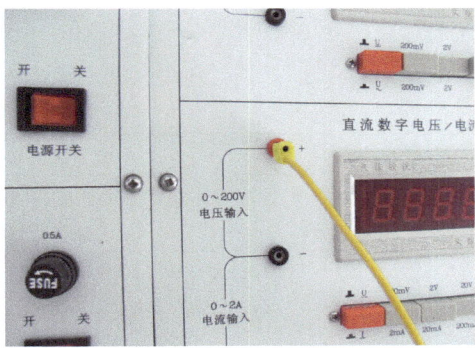

图 8-13　74LS08 芯片 3 引脚信号输出

11）直流电压表输入端负极接地，如图 8-14 所示。

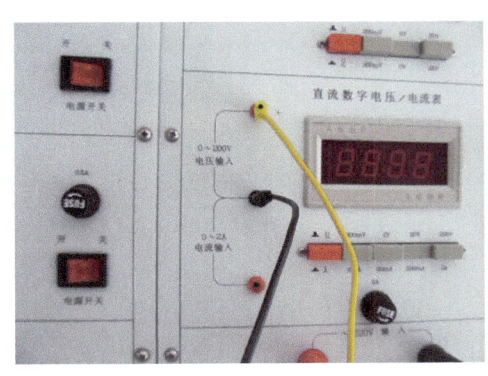
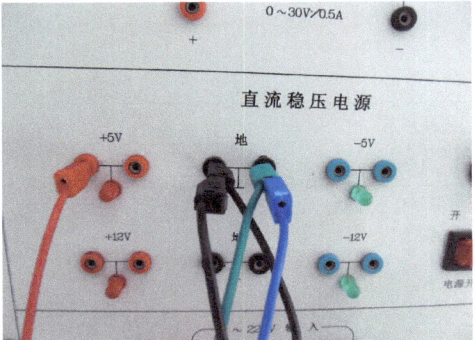

图 8-14　直流电压表输入端负极接地

12）通电观察直流电压表的结果，如图 8-15 所示。

13）改变 A、B 的输入信号，观察 Y 的输出结果，验证 74LS08 芯片的逻辑功能。

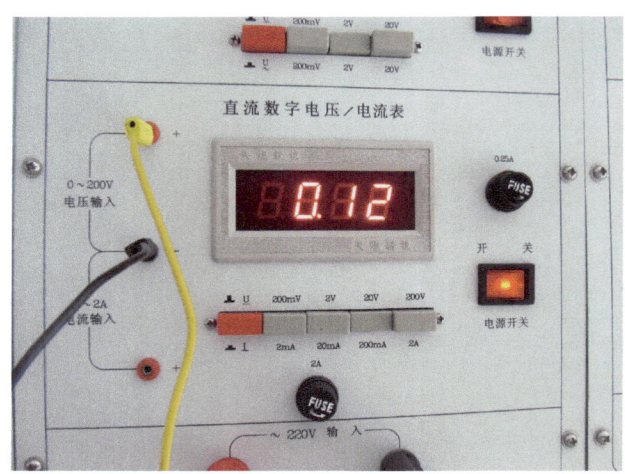

图 8-15　直流电压表显示结果

4. 任务报告

姓名：　　　　　　　　班级：　　　　　　　　组号：

项　目	操作要点及规范	完 成 情 况	结果说明
1. 连接实验电路	参考 74LS08 的内部结构图，根据实验原理图连接实验电路	□是　□否	
2. 控制输入量	通过改变与门的两个输入端的输入电压，来控制其输入的逻辑变量	□是　□否	
3. 记录输出量	观察发光二极管的亮灭情况，将实验结果以真值表的形式记录下来	□是　□否	
在小组中你的任务是什么			
你遇到了什么困难？你怎样解决			
在本任务实施中需要注意哪些事项			
教师点评			
成绩		指导老师	

5. 学生作业评分表

开始时间：　　　　　　结束时间：　　　　　　学生姓名：　　　　　　成绩：

序号	作业说明	配分	作业内容	评分标准	扣分	得分
1	穿戴个人防护用品及安全操作	10	正确穿戴个人防护用品	不按规定穿戴，每项扣 1 分，扣完为止		
		10	安全操作	出现安全事故扣 10 分（操作全过程中）；严重者指导老师有权终止其操作		

项目八 数字电路

(续)

序号	作业说明	配分	作业内容	评分标准	扣分	得分
2	连接电路	30	参考74LS08的内部结构图,根据实验原理图连接实验电路	不能正确使用集成电路芯片扣10分,不能正确分辨发光二极管正负极扣5分,其余连接错误每个扣3分,扣完为止		
3	控制输入量	20	通过改变与门的两个输入端的输入电压,来控制其输入的逻辑变量	不能分辨输入端扣10分,不能分辨输入端高低电平对应的逻辑状态扣10分		
4	记录输出量	20	观察发光二极管的亮灭情况,将实验结果以真值表的形式记录下来	不能分辨输出端扣10分,不能分辨输出端高低电平对应的逻辑状态扣10分		
5	安全文明操作	5	5S	不尊重指导老师扣2分;操作完毕后,不进行工位清洁、工具设备复位、废物统一收纳各扣1分,扣完为止		
6	时间限制	5		超时1min扣1分,超过10min终止操作并扣5分		
7	合计	100				

指导老师签名: 　　　　　　　　　　　　　　　　　　　　　年　　月　　日

任务二　组合逻辑电路

任务分析

简单的逻辑门电路不能解决汽车电路中所有的逻辑问题,因此需要进一步探究逻辑关系。如"小明和小王都不要到我办公室来"。这句话包含了"与"和"非"关系的组合。在电路中就构成了组合逻辑电路。本次任务介绍常见的几种组合逻辑电路。

教学目标

知识目标:掌握组合逻辑门电路的功能。
技能目标:学会通过实验验证组合逻辑门的功能。
情感目标:善于观察,勤于动手。

教学重点

掌握组合逻辑门电路的逻辑功能。

教学难点

通过实验验证组合逻辑门的功能。

[相关知识]

1. 与非门

在一个与门的输出端接一个非门,就可完成"与"和"非"的复合运算(先求"与",再求"非"),称为"与非"运算。实现与非复合运算的电路称为与非门。与非门逻辑符号如图 8-16 所示。

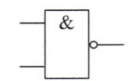

图 8-16　与非门逻辑符号

与非门的逻辑表达式为

$$Y = \overline{AB}$$

与非门电路的特点是:"有 0 出 1,全 1 出 0"。与非门真值表见表 8-4。

表 8-4　与非门真值表

A	B	Y
0	0	1
0	1	1
1	0	1
1	1	0

2. 或非门

在一个或门的输出端接一个非门,则可构成实现或非复合运算的电路,称为或非门。或非门逻辑符号如图 8-17 所示。

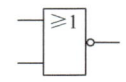

图 8-17　或非门逻辑符号

或非门的逻辑表达式为

$$Y = \overline{A + B}$$

或非门电路的特点是:"有 1 出 0,全 0 出 1"。或非门真值表见表 8-5。

表 8-5　或非门真值表

A	B	Y
0	0	1
0	1	0
1	0	0
1	1	0

3. 异或门

式 $Y = A\overline{B} + \overline{A}B$ 的逻辑运算称为异或运算。异或门的逻辑表达式为

$$Y = A \oplus B = A\overline{B} + \overline{A}B$$

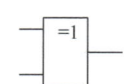

图 8-18　异或门逻辑符号

异或门逻辑符号如图 8-18 所示。

异或门电路的特点是:"同则出 0,不同出 1"。异或门真值表见表 8-6。

4. 同或门

同或门与异或运算相反,其运算符号为"⊙"。同或门逻辑符号如图 8-19 所示。

表 8-6 异或门真值表

A	B	Y
0	0	0
0	1	1
1	0	1
1	1	0

同或运算的逻辑表达式为

$$Y = A \odot B = \overline{A}\,\overline{B} + AB$$

由逻辑表达式可得出逻辑状态表，见表 8-7。

同或门电路的特点是："同则出 1，异则出 0"。

可见，同或逻辑与异或逻辑互补，即

$$A \odot B = \overline{A \oplus B} \quad A \oplus B = \overline{A \odot B}$$

也即同或逻辑是异或非。因此，它的逻辑功能一般也采用异或门和非门来实现。

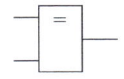

图 8-19 同或门逻辑符号

5. 与或非门

与或非门逻辑表达式为

$$Y = \overline{AB + CD}$$

与或非门逻辑符号如图 8-20 所示。

表 8-7 同或门真值表

A	B	Y
0	0	1
0	1	0
1	0	0
1	1	1

与或非门电路的特点是："有 1 出 0，全 0 出 1"。与或非门真值表见表 8-8。

表 8-8 与或非门真值表

A	B	Y
0	0	1
0	1	0
1	0	0
1	1	0

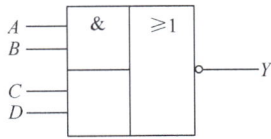

图 8-20 与或非门逻辑符号

[任务实施]

1. 器材准备

1）天煌教学仪器一台，面包板，面包板专用导线。

2）74LS00 芯片。

2. 注意事项

1）保证人员的安全。

2）保证电子器件无损坏。

3）保持工作环境的整洁。

4）熟练掌握本实训项目的操作规程。

3. 与非门功能验证实验

1）观察实验中所需要用到的电子设备和器件，如图 8-21 所示。

2）观察 74LS00 的内部结构图，如图 8-22 所示。

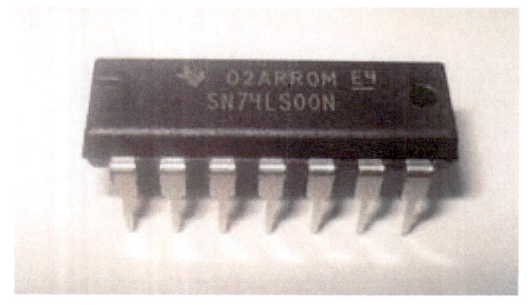

图 8-21　74LS00 芯片

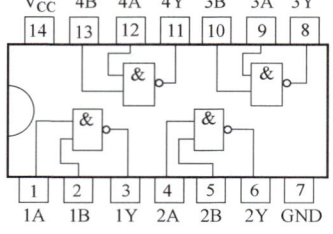

图 8-22　74LS00 的内部结构图

3）电源模块通电，如图 8-23 所示。

4）电压表模块通电，如图 8-24 所示。

图 8-23　电源模块通电

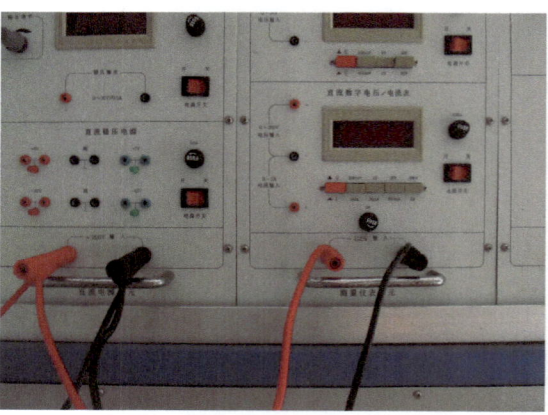

图 8-24　电压表模块通电

5) 74LS00 安装在万用板上,如图 8-25 所示。

图 8-25　74LS00 安装在万用板上

6) 74LS00 芯片接 +5V 电源,如图 8-26 所示。

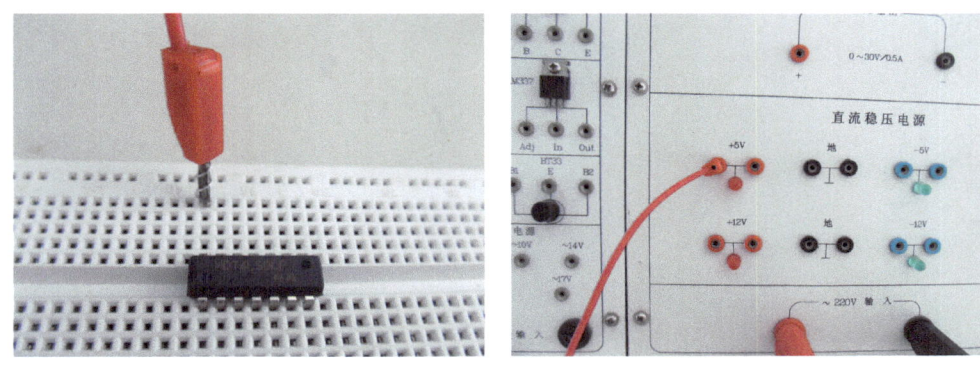

图 8-26　74LS00 芯片接 +5V 电源

7) 74LS00 芯片接地,如图 8-27 所示。

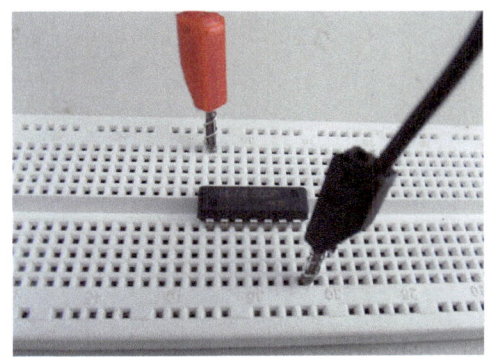 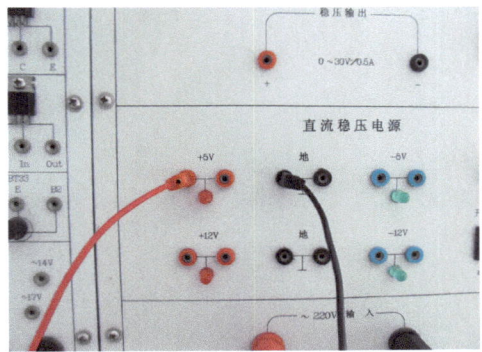

图 8-27　74LS00 芯片接地

8）74LS00 芯片 1 引脚，即与非门输入 A 端，接 0 信号，如图 8-28 所示。

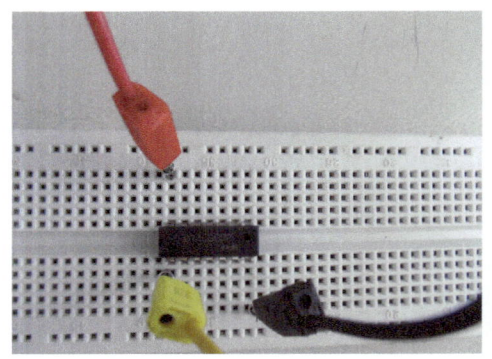 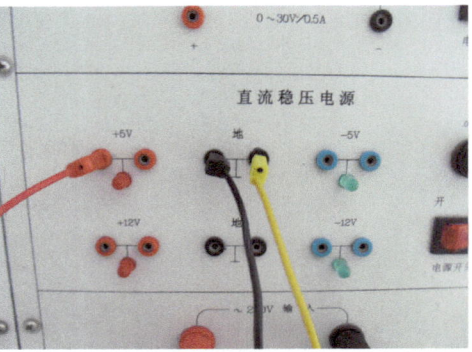

图 8-28　74LS00 芯片 1 引脚接 0 信号输入

9）74LS00 芯片 2 引脚，即与非门输入 B 端，接 0 信号，如图 8-29 所示。

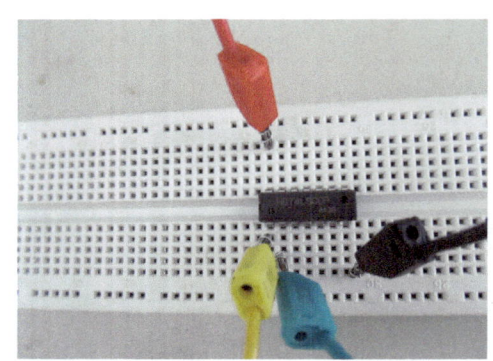 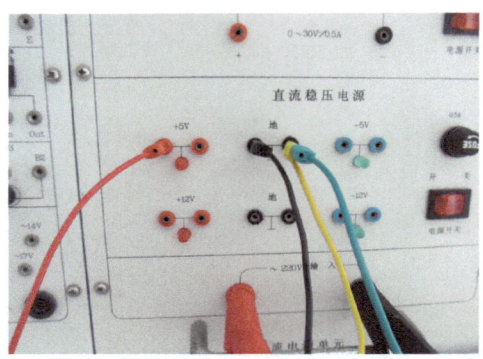

图 8-29　74LS00 芯片 2 引脚接 0 信号输入

10）74LS00 芯片 3 引脚，即与非门输出 Y 端，接直流电压表，选择 20V 档位，如图 8-30 所示。

 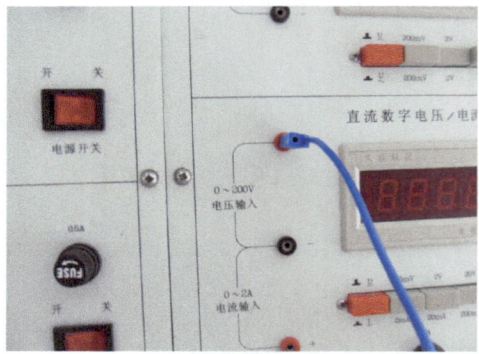

图 8-30　74LS00 芯片 3 引脚信号输出

11）直流电压表输入端负极接地，如图 8-31 所示。
12）通电观察直流电压表的结果，如图 8-32 所示。
13）改变 A、B 的输入信号，观察 Y 的输出结果，验证 74LS00 芯片的逻辑功能。

项目八 数字电路

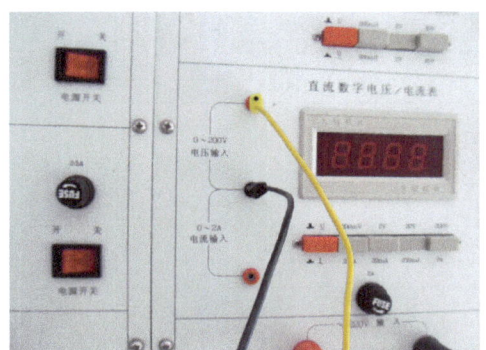
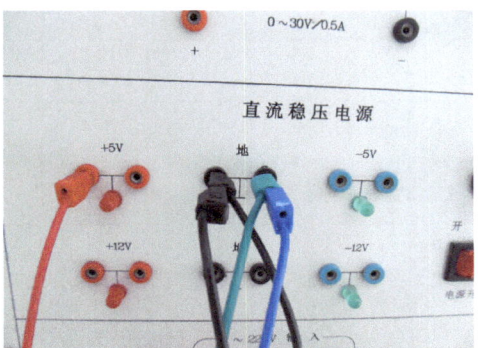

图 8-31 直流电压表负极接地

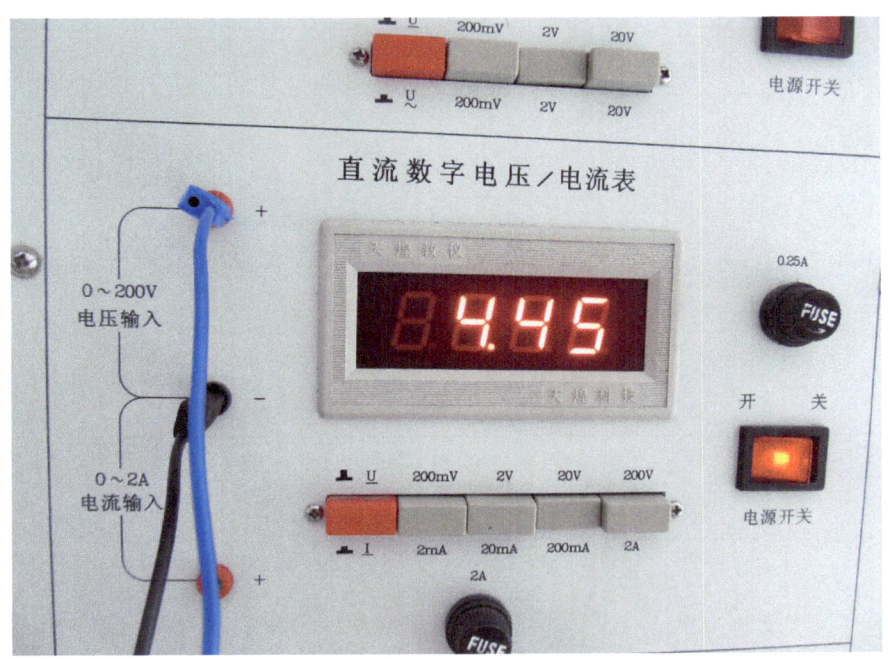

图 8-32 直流电压表显示结果

4. 任务报告

姓名：　　　　　　　　班级：　　　　　　　　组号：

项　目	操作要点及规范	完成情况	结果说明
1. 连接实验电路	参考 74LS00 的内部结构图，根据实验原理图连接实验电路	□是　□否	
2. 控制输入量	通过改变与非门的两个输入端的输入电压，来控制其输入的逻辑变量	□是　□否	
3. 记录输出量	观察发光二极管的亮灭情况，将实验结果以真值表的形式记录下来	□是　□否	
在小组中你的任务是什么			
你遇到了什么困难？你怎样解决			
在本任务实施中需要注意哪些事项			
教师点评			
成绩		指导老师	

5. 学生作业评分表

开始时间：　　　　　结束时间：　　　　　学生姓名：　　　　　成绩：

序号	作业说明	配分	作业内容	评分标准	扣分	得分
1	穿戴个人防护用品及安全操作	10	正确穿戴个人防护用品	不按规定穿戴，每项扣1分，扣完为止		
		10	安全操作	出现安全事故扣10分（操作全过程中）；严重者指导老师有权终止其操作		
2	连接电路	30	参考74LS00的内部结构图，根据实验原理图连接实验电路	不能正确使用集成电路芯片扣10分，不能正确分辨发光二极管正负极扣5分，其余连接错误每个扣3分，扣完为止		
3	控制输入量	20	通过改变与非门的两个输入端的输入电压，来控制其输入的逻辑变量	不能分辨输入端扣10分，不能分辨输入端的高低电平对应的逻辑状态扣10分		
4	记录输出量	20	观察发光二极管的亮灭情况，将实验结果以真值表的形式记录下来	不能分辨输出端扣10分，不能分辨输出端的高低电平对应的逻辑状态扣10分		
5	安全文明操作	5	5S	不尊重指导老师扣2分；操作完毕后，不进行工位清洁、工具设备复位、废物统一收纳各扣1分，扣完为止		
6	时间限制	5		超时1min扣1分，超过10min终止操作并扣5分		
7	合计	100				

指导老师签名：　　　　　　　　　　　　　　　　　　　　　　　　年　　月　　日

项目九

电控基本知识

项目描述

汽车控制领域的发展，主要表现在以下方面：控制系统微机化、自诊化，进入半自动化控制领域；点火、喷油和空燃比的控制，采用了微机 EFI 系统；液力式自动变速器采用了微机 ECT 控制系统；定速巡航采用了微机 CCS 控制系统；制动系统采用了防抱死 ABS + EBD 控制系统；驱动系统采用了微机 ASR 控制系统；车身高度和悬架刚度调节采用了微机电控空气悬架控制系统；碰撞保护系统采用了安全气囊控制系统。控制系统逐步微机化和智能化，报警、自诊系统逐步代码化和语言化。

一体化能把机器人和人联系起来，能将人脑和计算机结合为一体，传感器成为联系它们的桥梁。

在项目中将简要介绍冷却液温度传感器、节气门位置传感器、相关继电器和执行元件。

学习目标

简单了解汽车电控系统的组成和原理，认识冷却液温度传感器、节气门位置传感器、继电器和喷油器等设备的结构和原理，会用相关仪器进行检查、判断。

任务一　　汽车电控系统简介

任务分析

近年来，随着电子技术、计算机技术和信息技术的应用，汽车电子控制技术得到了迅猛的发展，尤其在控制精度、控制范围、智能化和网络化等多方面有了较大突破。汽车电子控制技术已成为衡量现代汽车发展水平的重要标志。本次任务主要从整体上介绍汽车电控系统的组成以及使用解码器读取故障码的方法。

教学目标

知识目标：认识电工电子与电控课程的密切相关性。
技能目标：学会使用万用表测量电压以及使用解码器读取故障码。
情感目标：注意安全，勤于动手。

教学重点

认识汽车电路中的各种线的代码。

[相关知识]

1. 电工电子在当代汽车上的应用

目前，汽车电子技术已发展到利用微型计算机对整车的各个系统进行综合控制的程度。微机在提高汽车的动力性、经济性、安全性以及环保性等方面，都发挥了重要作用。

据有关资料表明，1990年世界生产的轿车中有90%左右已采用微机控制装置。美国福特汽车公司生产的一部汽车上，最多装有7个微处理器（MPU）。日本丰田汽车公司生产的新式汽车至少使用20多个MPU。可以说当今汽车已全面进入计算机控制时代。

由于汽车内空间较小，车用微机系统体积不宜过大，因而目前已出现许多将全部功能集成于一块芯片上的车用微计算机，并且几大车载计算机公司正在研究和开发专用于汽车系统的、与外部设备联为一体的特种车用微计算机。

2. 汽车电路板简介

下面以高尔夫车身网络系统为例进行说明，本板块分为前后车灯控制系统、前后车门开启锁止控制系统、刮水器等控制系统，如图9-1所示。汽车上的主要线路中，30号线为电源正极线，31号线为电源负极线，15号线为点火开关接通后的供电线路，X线为大电流线路。

图9-1 高尔夫车身网络系统示教板

转向盘上的控制开关控制前后车灯，如图9-2所示。
前后车门锁止控制系统如图9-3所示。
刮水器控制电路如图9-4所示。

项目九　电控基本知识

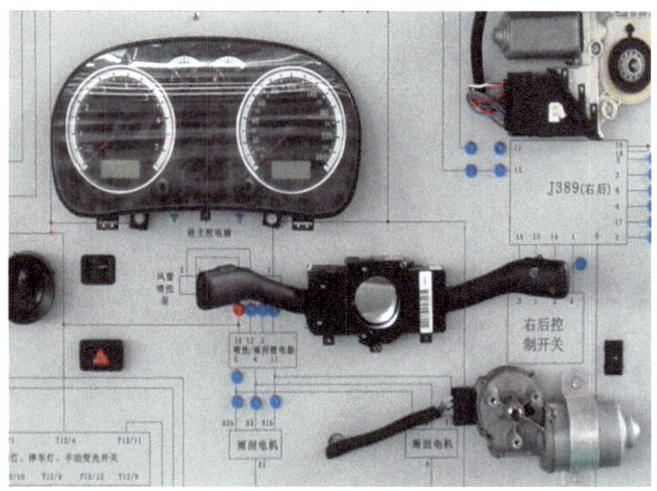

图 9-2　前后车灯控制开关

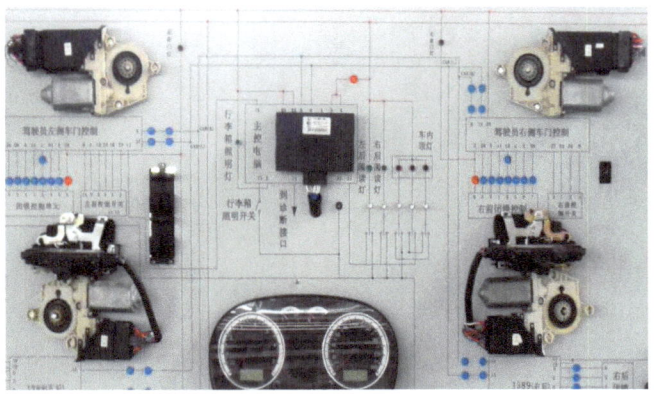

图 9-3　前后车门控制开关

图 9-4　刮水器控制电路

[任务实施]

1. 器材准备

高尔夫汽车网络示教板；数字万用表；标示卡。

2. 注意事项

1）保证人员、万用表的安全。

2）保持工作环境的整洁。

3）熟练掌握维护基本流程。

3. 认识电路板并检测线路电压

（1）认识电路板

1）标出高尔夫示教板上四个大灯的位置：利用事先准备好的标示卡让学生到示教板上标出，如图9-5所示。

2）标出示教板上车门锁止开关：由学生用标示卡标出，如图9-6所示。

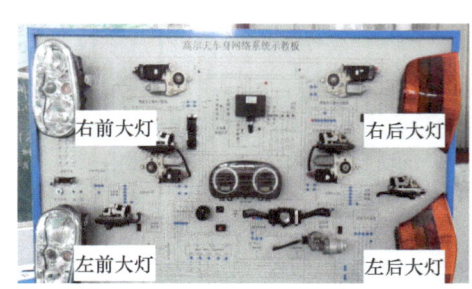

图9-5　标示车灯位置

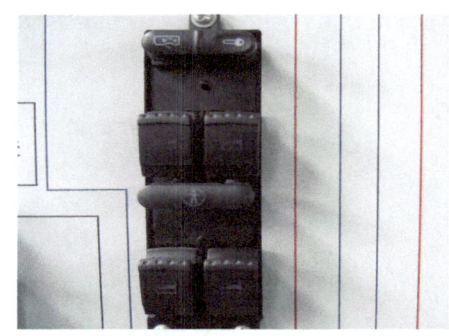

图9-6　标示车门锁止开关

3）标出刮水器的位置：由学生用标示卡标出，如图9-7所示。

图9-7　标示刮水器控制电路

（2）思考

1）各部分位置是否标示恰当？

2）接通电源，起动高尔夫示教板电话开关，按动各按钮说明分别控制什么？

3）找到示教板上的 30、31、15、X 号线，讨论分别与什么相连，在汽车上承载电流的范围分别是多少？

4）利用已学过的线的标注方法，找到各控制系统分别与哪种线相连？

(3) 检测各条线路的工作电压

1）起动示教板。

2）学生检测 30 号线的工作电压，如图 9-8 所示。

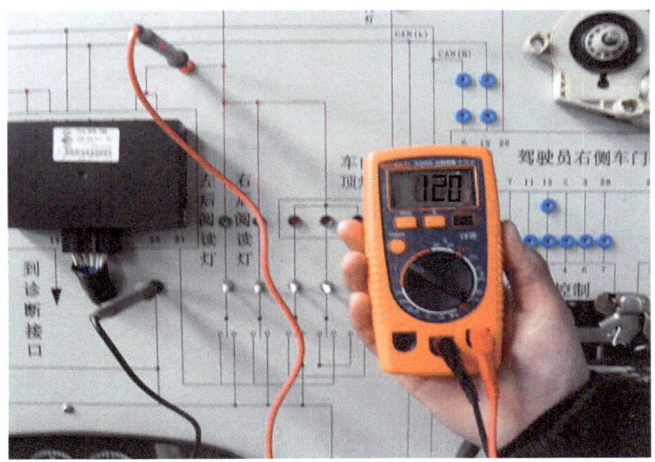

图 9-8　30 号线工作电压

3）老师校对检测数据。

4）学生检测 31 号线的工作电压，如图 9-9 所示。

图 9-9　31 号线工作电压

5）老师校对数据。

(4) 由老师指导填写任务报告

(5) 对场地进行清洁，将工具归位

4. 任务报告

姓名：　　　　　　　　班级：　　　　　　　　组号：

项　目	操作要点及规范	完成情况	结果说明
1. 穿戴个人防护用品及安全操作		□ 是　□ 否	
2. 标示卡选择是否恰当		□ 是　□ 否	
3. 标示卡的放置是否正确		□ 是　□ 否	
4. 标示卡是否归位		□ 是　□ 否	
5. 是否找到 30、31、15、X 线		□ 是　□ 否	
6. 是否能找到各控制系统的接线		□ 是　□ 否	
7. 万用表的使用是否正确		□ 是　□ 否	
8. 工具是否归位		□ 是　□ 否	
9. 填写工单		□ 是　□ 否	
10. 5S 操作		□ 是　□ 否	
11. 操作过程中有无零件掉落		□ 是　□ 否	
你遇到了什么困难？你怎样解决			
在本任务实施中需要注意哪些事项			
教师点评			
成绩		指导老师	

5. 学生作业评分表

开始时间： 　　　　结束时间： 　　　　学生姓名： 　　　　成绩：

序号	作业说明	配分	作业内容	评分标准	扣分	得分
1	穿戴个人防护用品及安全操作	5	正确穿戴个人防护用品	不按规定穿戴，每项扣0.5分，扣完为止		
		5	安全操作	出现安全事故扣5分（操作全过程中）；严重者老师有权终止其操作		
2	标示卡选择	5	大灯标示卡选择	选择错误扣5分		
		5	门锁标示卡选择	选择错误扣5分		
		5	刮水器标示卡选择	选择错误扣5分		
3	标示卡放置	8	大灯标示卡的放置	放置错误一处扣2分，扣完为止		
		4	门锁标示卡放置	放置错误一处扣1分，扣完为止		
		2	刮水器标示卡放置	放置错误扣2分		
4	是否能找到30、31、15、X线	6	找到30号线	未找到扣5分		
		5	找到31号线	未找到扣5分		
		5	找到15号线	未找到扣5分		
		5	找到X线	未找到扣5分		
5	是否能找到各控制系统的接线	6	找到车灯控制线	错误一处扣2分，扣完即止		
		2	找到门锁控制线	错误扣2分		
		2	找到刮水器控制线	错误扣2分		
6	万用表的使用是否正确	5	万用表测试	未测试蜂鸣扣2分；表笔安装不当扣3分，扣完为止		
		5	档位选择	单位选择不恰当扣3分，量程选择不当扣2分，扣完为止		
7	操作过程	6	工具归位	不归位一项扣2分，扣完为止		
		4	零件掉落	掉落一次扣2分，扣完为止		
8	作业	5	填写工单	不完整一项扣1分，扣完为止		
9	5S操作	5	遵守相关规范	违反一条扣1分		
10	合计	100				

指导老师签名： 　　　　　　　　　　　　　　　　　　　　　　　　年　　月　　日

任务二　冷却液温度传感器的认识与检测

任务分析

现代信息技术的三大基础是信息采集（传感器技术）、信息传输（通信技术）和信息处理（计算机技术）。传感器属于信息技术的前沿尖端产品，尤其是温度传感器被广泛用于工农业生产、科学研究和生活等领域，数量高居各种传感器之首。现代汽车中温度传感器数量也非常多，用于检查发动机温度、吸入气体温度、冷却液温度、传感器温度、车内温度、车外温度和蒸发器表面温度等。

教学目标

知识目标：掌握冷却液温度传感器的结构和工作原理，学会冷却液温度传感器故障排除方法。

技能目标：学会使用万用表测量冷却液温度传感器的工作电压。

情感目标：注意安全，勤于动手。

教学重点

分析冷却液温度传感器失效的原因。

教学难点

了解冷却液温度传感器的感应元件的温度特性。

[相关知识]

1. 冷却液温度传感器的作用

冷却液温度传感器的作用是把冷却液温度转换为电信号，输入 ECU 后有以下功能：

1）修正喷油量。使喷油量随温度自动地反比例变化，冷却液温度达 60℃ 时即停止温度修正。

2）修正点火提前角。低温时增大点火提前角，高温时，为防止爆燃，可增大点火提前角。

3）影响怠速控制阀。低温时 ECU 根据冷却液温度传感信号控制怠速控制阀动作，提高速转。

4）影响排气再循环（EGR）阀。

2. 冷却液温度传感器的结构

冷却液温度传感器由壳体、传热材料、热敏电阻 NTC 组成，安装在发动机冷却液套中，如图 9-10 所示。

NTC 型温度传感器的结构如图 9-11a 所示，其阻值随温度的变化而变化，如图 9-11b 所示。它的阻值随温度的变化特点为：温度升高，电阻值下降；温度下降，电阻值升高。通过测量它的电阻值变化就可反映出被测量的变化。这种传感器一般为两线，其中一根为搭铁线，另一根为信号线；也有少数的传感器利用外壳搭铁，只用一根信号线引出。

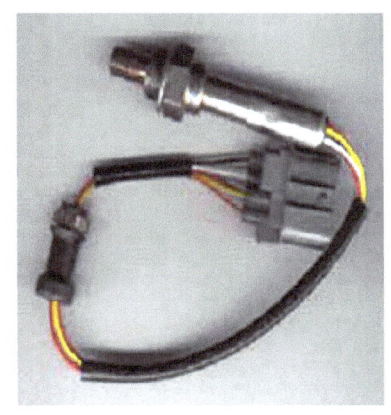
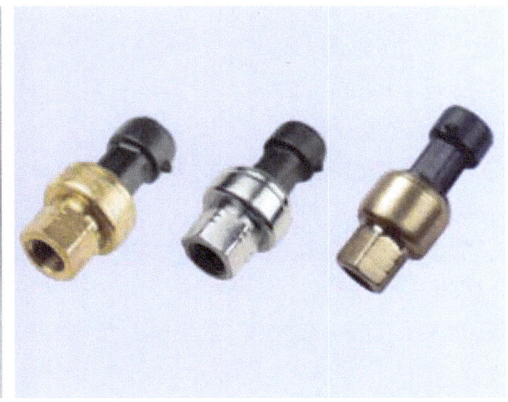

图 9-10　冷却液温度传感器

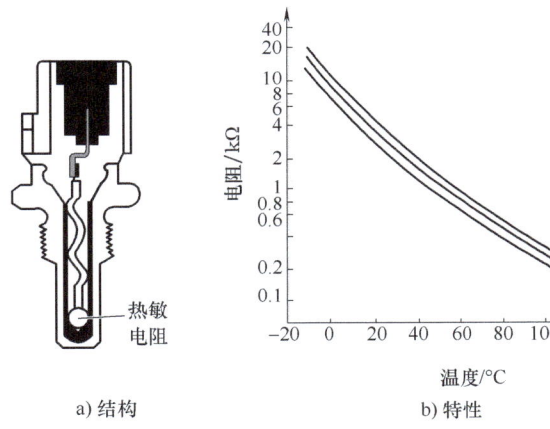

a) 结构　　　　　　　　b) 特性

图 9-11　NTC 型温度传感器的结构及特性曲线

3. 冷却液温度传感器故障

在发动机冷却液温度低时，冷却液温度传感器输入 ECU 的冷却液温度信息使空燃浓度较大的混合气进入气缸，从而使发动机工作稳定，如果此时冷却液温度传感器不发出冷机状态信息，空燃比浓度较小的混合气进入气缸，导致发动机运转不正常。同样，如果暖机后发出冷机信息，则将使空燃比浓度较大的混合气进入气缸，发动机工作也不正常。

当冷却液温度传感器出现故障时，往往冷车起动时显示的还是热车时的温度信号，ECU 得不到提供过浓混合气的信号，只能供给发动机较稀薄的混合气（热车时的信号），所以发动机冷车不易起动。发生这种情况时需要检查冷却液温度传感器插头接触是否正常或更换冷却液温度传感器。

[任务实施]

1. 器材准备

数字万用表，电控实验台架。

2. 注意事项

1）保证人员、万用表的安全。

2）保证台架电路无损坏。

3）保持工作环境的整洁。

4）熟练掌握故障分析方法。

3. 冷却液温度传感器检测

1）选择万用表电压档位。

注意表笔插孔选择，红表笔选择"VΩ"插孔，黑表笔选择"COM"插孔，检查万用表是否正常，如图9-12所示。

2）起动台架，旋转温度设定旋钮，检测冷却液温度传感器输入端电压，如图9-13所示。

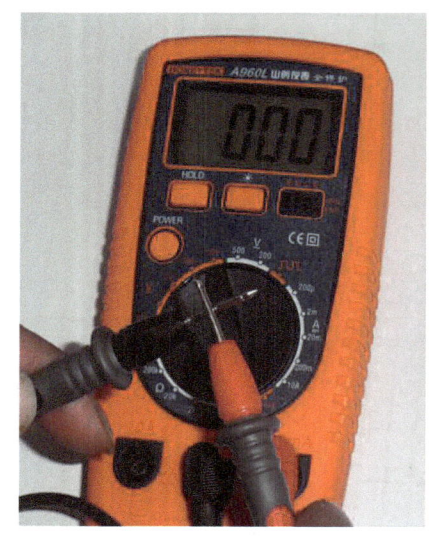

图9-12　万用表的测试

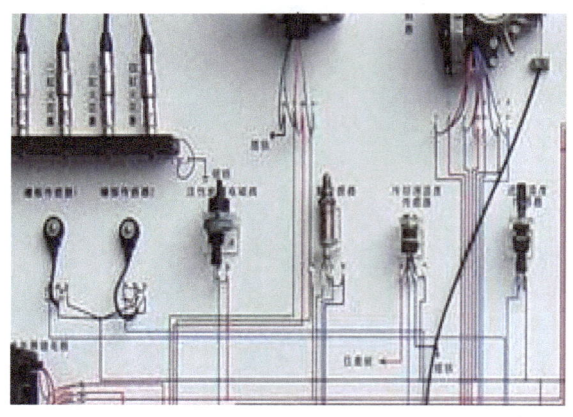

图9-13　冷却液温度传感器示教板

3）学生在自己的工作台上测量输入端电压的变化，随着设定温度的升高，观察输入端的电压变化，并画出曲线。

电压变化是由热敏电阻在不同温度下的阻值引起的。控制计算机给其提供5V的参考电源，传感器将阻值与温度的相应变化转换为电压变化输入控制计算机，控制计算机就利用该信号进行相关的控制。

4）拆下冷却液温度传感器，浸泡在不同温度的水中检测其电阻的变化，如图9-14所示。

5）根据冷却液温度传感器在不同温度水中的阻值记录，画出相应的温度-阻值曲线，配合步骤中的温度-电压曲线，进行思考。

6）由老师指导填写任务报告。

7）对场地进行清洁，将工具归位。

将本节课所获得的数据、图表结合本节相关知识进行总结整理。

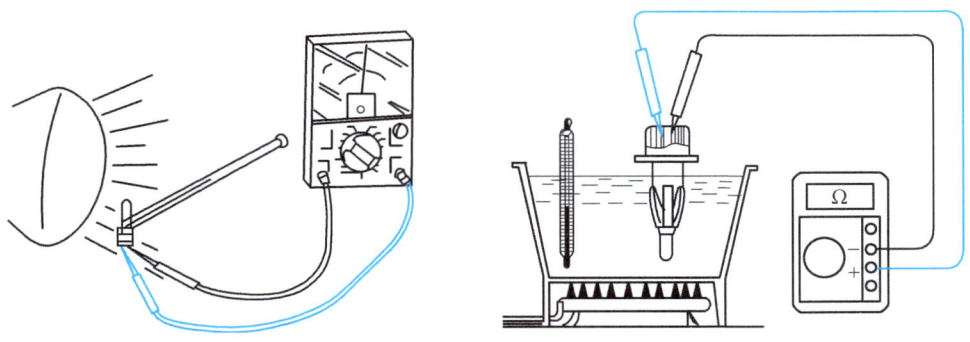

图 9-14 冷却液温度传感器在不同温度水中的电阻变化

4. 任务报告

姓名：　　　　　　　　　班级：　　　　　　　　　组号：

项　目	操作要点及规范	完 成 情 况	结 果 说 明
1. 穿戴个人防护用品及安全操作		□ 是　□ 否	
2. 万用表档位选择		□ 是　□ 否	
3. 端子能否找到		□ 是　□ 否	
4. 识图		□ 是　□ 否	
5. 温度-电压图表		□ 是　□ 否	
6. 相关知识总结		□ 是　□ 否	
7. 填写工单		□ 是　□ 否	
8. 5S 工作		□ 是　□ 否	
9. 元器件无落地现象		□ 是　□ 否	
10. 遵守相关安全规范		□ 是　□ 否	
你遇到了什么困难？你怎样解决			
在本任务实施中需要注意哪些事项			
教师点评			
成绩		指导老师	

5. 学生作业评分表

开始时间：　　　　　结束时间：　　　　　学生姓名：　　　　　成绩：

序号	作业说明	配分	作业内容	评分标准	扣分	得分
1	穿戴个人防护用品及安全操作	5	正确穿戴个人防护用品	不按规定穿戴，每项扣0.5分，扣完为止		
		5	安全操作	出现安全事故扣5分（操作全过程中）；严重者指导老师有权终止其操作		
2	万用表档位选择	5	万用表的校正	未测试蜂鸣扣5分；表笔安装不当扣5分，扣完为止		
		5	档位选择	量程选择不当扣5分，扣完为止		
3		10	记录	每一步未记录扣5分，扣完为止		
		10	端子能否找到	端子查找不正确扣1分/次，扣完为止		
4	识图	10	绘制温度-电压图表	图表点的确定不准确扣5分，扣完为止		
		10	绘制温度-电阻图表	图表点的确定不准确扣5分，扣完为止		
		5	相关知识总结	总结不全面扣5分，扣完为止		
		10	填写工单	工单填写不完整扣5分，扣完为止		
5	清洁工作	5	5S	不标准扣5分		
6		5	元器件无落地现象	落地一次扣1分		
7	安全规范	5	遵守相关安全规范	违反一条扣5分		
8	时间限制	10		超时1min扣1分，超过5min终止操作并扣10分		
9	合计	100				

指导老师签名：　　　　　　　　　　　　　　　　　　　　年　　月　　日

任务三　节气门电位计的认识与检测

任务分析

通过改变电位计的电阻大小，获得被测信号的变化情况，许多传感器都使用这一原理进行工作；通过测量电位计电阻的变化情况，可以很简单地获得被测信号，节气门位置传感器和翼片式空气流量计使用的就是这种原理。

项目九 电控基本知识

教学目标
知识目标：掌握节气门电位计的结构、检测方法。
技能目标：学会使用万用表检测节气门电位计的电压。
情感目标：注意安全，勤于动手。

教学重点
用刺针法检测节气门电位计的工作电压。

教学难点
识图：认识节气门电位计的简单电路图。

[相关知识]

1. 节气门电位计的作用

节气门电位计即节气门位置传感器，是一个变阻电位器。它在输入电压为5V时，能输出0～5V的渐进随动电压信号，使ECU有开度的大小、加速率和减速率的感知能力。

2. 节气门电位计的结构

变阻电位计用炭精镀膜电阻或陶瓷薄膜电阻制成，滑动触点臂用复位弹簧控制，与节气门同轴转动，其结构原理如图9-15所示。当输入电压为5V时，输出电压在0～5V间随动，呈阶梯变化，与节气门开度成正比。目的是提高输出电压的稳定性，以防止在阻力无常的道路上颠簸行驶时，加速踏板抖动信号失准。多数节气门位置传感器为三接头式。

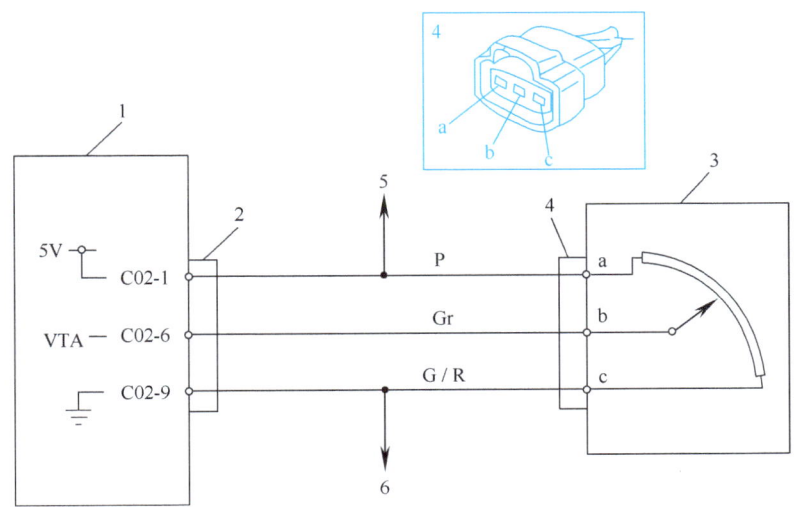

图9-15　节气门电位计原理图
1—ECM　2—ECM接插件　3—节气门位置传感器　4—节气门位置传感器接插件
5—至进气歧管绝对压力传感器　6—至其他传感器

3. 节气门电位计的故障

怠速时节气门定位器动作，使节气门打开并输出电位信号，在节气门定位电位计出现故障时，节气门控制部件中的紧急运行弹簧起作用，使发动机处于紧急运转状态，此时发动机的怠速升高，约为1500r/min。

4. 节气门电位计的性能参数

节气门电位计输入电压为5V，输出电压为0～5V的随动电压，全闭时输出电压为0.7V，全开时为5V，全闭时电阻值为0.6～1kΩ，全开时为4～5kΩ。

[任务实施]

1. 器材准备

数字万用表，桑塔纳时代超人发动机台架。

2. 注意事项

1）保证人员、万用表的安全。

2）用刺针法检测电压时注意保护台架电路不被损坏。

3）保持工作环境的整洁。

4）熟练掌握维护基本流程。

3. 节气门电位计检测

1）档位选择。

选择数字万用表。注意红表笔、黑表笔测量电压、电阻时的接口。红、黑表笔搭接，测试万用表是否正常工作，如图9-16所示。

2）测量节气门电位计的供电电压，如图9-17所示。

图9-16 万用表的检测

图9-17 测量节气门电位计供电电压

拔下节气门控制部件的插头，用数字万用表测量插头上4和7端子之间的电压，打开点火开关，此电压值应该为5V（发动机ECU提供）。

3）测量节气门电位计的导通情况。

选择万用表电阻档，确定20Ω的电阻档位。

用数字万用表测量插头上的 4、5 和 7 端子分别至 ECU 线束插座端子 62、75 和 67 之间的电阻值，如图 9-18 所示，测得电阻值应小于 1Ω。

4）测量节气门电位计的电压信号。

选择万用表电压档，确定 10V 的档位。

插上节气门控制部件的插头，用数字万用表测量插头上的端子 5 和 7（端子 5 和 7 分别对应 ECU 插座上的端子 75 和 67）之间的电压，打开点火开关，使节气门开度变化，此电压值应在 0.5～4.9V 之间变化，如图 9-19 所示。

图 9-18　节气门电位计电阻测量

图 9-19　节气门电位计的电压信号

5）由老师指导填写任务报告。

6）对场地进行清洁，将工具归位。

4. 任务报告

姓名：　　　　　　　班级：　　　　　　　组号：

项　　目	操作要点及规范	完 成 情 况	结 果 说 明
1. 工作服整洁，无配饰、钥匙、手表和手机		□ 是　□ 否	
2. 万用表档位选择		□ 是　□ 否	
3. 节气门电路识别		□ 是　□ 否	
4. 电压测量步骤		□ 是　□ 否	
5. 电阻测量步骤		□ 是　□ 否	
6. 性能参数的记忆		□ 是　□ 否	
7. 填写工单		□ 是　□ 否	
8. 5S 工作		□ 是　□ 否	
9. 元器件无落地现象		□ 是　□ 否	
10. 遵守相关安全规范		□ 是　□ 否	
你遇到了什么困难？你怎样解决			
在本任务实施中需要注意哪些事项			
教师点评			
成绩		指导老师	

5. 学生作业评分表

开始时间：　　　　　　结束时间：　　　　　　学生姓名：　　　　　　成绩：

序号	作业说明	配分	作业内容	评分标准	扣分	得分
1	穿戴个人防护用品及安全操作	5	正确穿戴个人防护用品	不按规定穿戴，每项扣0.5分，扣完为止		
		5	安全操作	出现安全事故扣5分（操作全过程中）；严重者指导老师有权终止操作		
2	万用表档位选择	5	万用表的校正	未测试蜂鸣扣5分；表笔安装不当扣5分，扣完为止		
		5	档位选择	量程选择不当扣5分，扣完为止		
3		10	端子能否找到	端子查找不正确扣2分/次，扣完为止		
4	节气门电路识别	10	测量节气门电位计的供电电压	测量错误扣5分		
		10	测量节气门定位电位计导线的导通情况	测量错误扣2分/次		
		10	测量节气门电位计的电压信号	测量错误扣2分/次		
5	作业	10	填写工单	工单填写不完整，扣5分，扣完为止		
6	清洁工作	5	5S	不标准扣5分		
		5	元器件无落地现象	落地一次扣1分		
7	时间限制	10		超时1min扣1分，超过5min终止操作并扣10分		
8	安全操作	10	遵守相关安全规范	违反一条扣5分		
9	合计	100				

指导老师签名：　　　　　　　　　　　　　　　　　　　　　　　　年　　月　　日

任务四　继电器的认识与检测

任务分析

继电器是一种电子控制器件，它具有控制系统（又称输入回路）和被控制系统（又称输出回路），通常应用于自动控制电路中，它实际上是用较小的电流去控制较大电流的一种"自动开关"。故在电路中起着自动调节、安全保护和转换电路等作用。

项目九 电控基本知识

教学目标

知识目标：了解电磁学原理在汽车上的应用。
技能目标：继电器通断检测。
情感目标：注意安全，勤于动手。

教学重点

万用表检测继电器控制电路。

教学难点

继电器的结构与工作原理。

[相关知识]

1. 磁力线和磁场方向

实验表明，载流导体的周围都存在着磁场。为了使磁场形象化，常用磁力线来描绘磁场。载流导体周围的磁场示意图如图 9-20a 所示。磁力线是一些闭合的曲线，线上任一点的切线方向即为该点的磁场方向，如图 9-20a 中的 A 点所示。载流导体周围的磁场方向与产生该磁场的电流方向有关，可用右手螺旋定则来判定，如图 9-20b 所示，四指方向为电流方向，拇指方向为磁场方向。

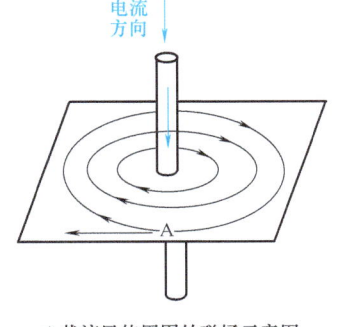
a) 载流导体周围的磁场示意图

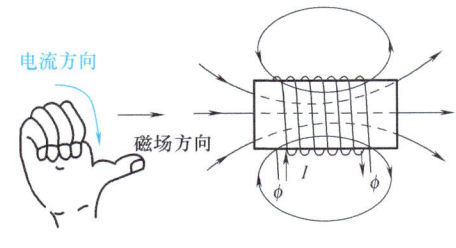
b) 右手螺旋定则判定磁场和电流方向

图 9-20 磁力线示意图

2. 继电器的基本结构

继电器是电磁学原理在汽车上的广泛应用之一。通常一辆汽车上有几十种各种类型的继电器，如起动继电器、喇叭继电器、闪光（转向）继电器、刮水继电器等。但无论哪种型号的继电器，其工作原理都是一样的。通俗地说，继电器是一种用小电流控制大电流电路的电磁开关，其结构如图 9-21 所示。

3. 继电器的分类

汽车继电器常见的有三类：动合继电器、动

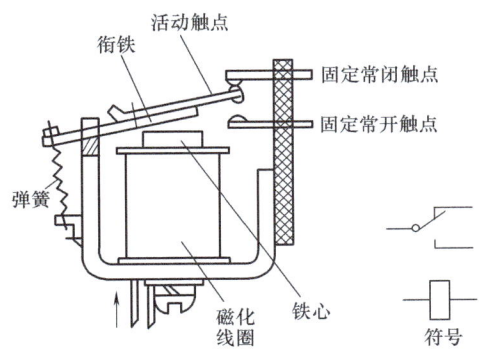
图 9-21 继电器的结构

断继电器、混合型继电器。这三类继电器的动作状态见表 9-1。

表 9-1 常见继电器的动作状态

	动合继电器	动断继电器	混合型继电器
线圈断电状态	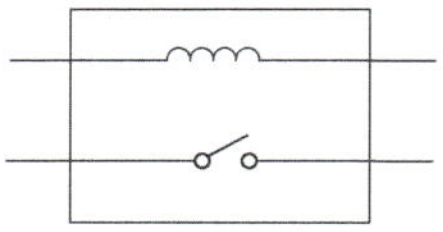	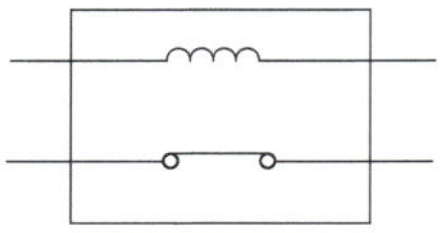	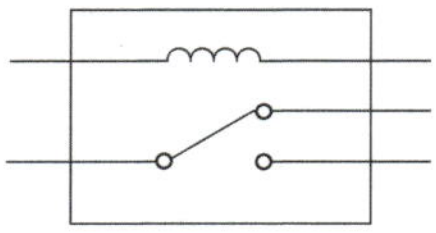
线圈通电状态	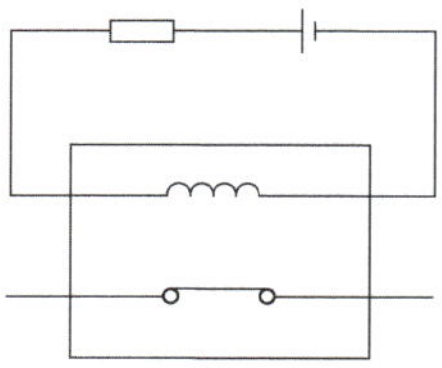	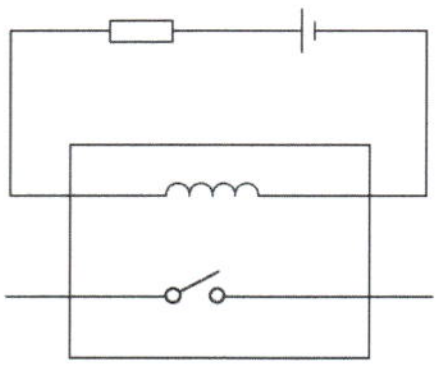	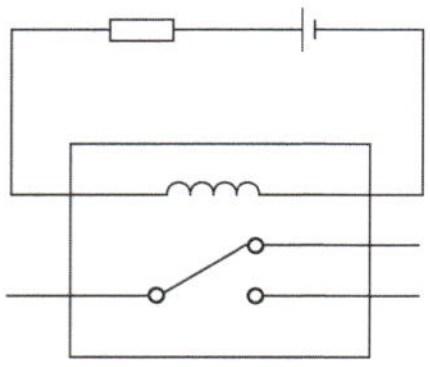

动合继电器平时触点是断开的，线圈通电，继电器动作后触点接通；动断继电器平时触点是闭合的，线圈通电，继电器动作后触点断开；混合型继电器平时动断触点接通，动合触点断开，继电器线圈通电，动合、动断触点则变成与平时相反的状态。

4. 继电器的应用

汽车上许多电气部件都需要开关进行控制。由于汽车电气系统电压较低，具有一定功率的电器工作电流就比较大，一般在几十安培以上，这样大的电流不宜用开关或按键进行通断控制，否则将导致触点因无法承受大电流而烧毁。为了减少控制开关触点的电流负荷，获得所需的控制功能，往往根据需要，在电路中设置一些继电器。

[任务实施]

1. 器材准备

数字万用表；继电器；白炽灯及相应接线。

2. 注意事项

1）保证人员、万用表的安全。
2）保证继电器无损坏。
3）保持工作环境的整洁。
4）熟练掌握维护基本流程。

3. 继电器检测

1）红、黑表笔搭接，测试万用表是否正常，如图 9-22 所示。
2）测量继电器线圈的电阻，如图 9-23 所示。
3）设计电路测试继电器的好坏，如图 9-24 所示。
4）由老师指导填写任务报告。
5）对场地进行清洁，将工具归位。

项目九　电控基本知识

图 9-22　万用表的测试

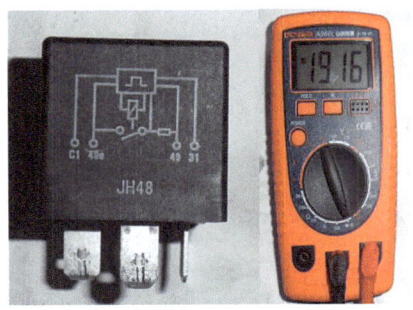

图 9-23　检测继电器电阻

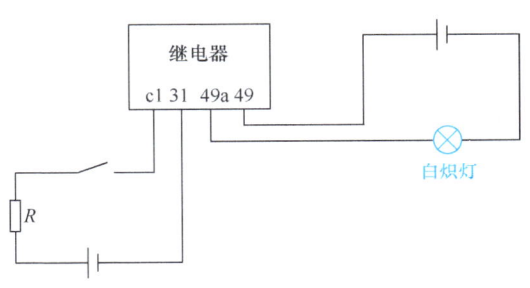

图 9-24　继电器检测电路

4. 任务报告

姓名：　　　　　　　班级：　　　　　　　组号：

项　目	操作要点及规范	完成情况	结果说明
1. 工作服整洁，无配饰、钥匙、手表和手机		□是　□否	
2. 万用表档位选择		□是　□否	
3. 万用表测量电路		□是　□否	
4. 测试电路设计		□是　□否	
5. 电路连接规范		□是　□否	
6. 故障分析		□是　□否	
7. 填写工单		□是　□否	
8. 5S 工作		□是　□否	
9. 元器件无落地现象		□是　□否	
10. 遵守相关安全规范		□是　□否	
你遇到了什么困难？你怎样解决			
在本任务实施中需要注意哪些事项			
教师点评			
成绩		指导老师	

143

5. 学生作业评分表

开始时间：　　　　　结束时间：　　　　　学生姓名：　　　　　成绩：

序号	作业说明	配分	作业内容	评分标准	扣分	得分
1	穿戴个人防护用品及安全操作	5	正确穿戴个人防护用品	不按规定穿戴，每项扣0.5分，扣完为止		
		5	安全操作	出现安全事故扣5分（操作全过程中）；严重者指导老师有权终止其操作		
2	万用表档位选择	5	万用表的校正	未测试蜂鸣扣5分；表笔安装不当扣5分，扣完为止		
		10	档位选择	档位选择不当扣5分，扣完为止		
3	计划	10	测试电路设计	每一步未记录5分，扣完为止		
		10	写出测试步骤	忽略一步扣2分		
4	继电器检测	10	测量继电器线圈的电阻	不标准扣5分/次		
		5	通过继电器接入电流，测试该继电器的好坏	不标准扣5分		
5	分析	10	故障分析	分析不准确一项扣2分		
6	作业	10	填写工单	漏1项扣2分		
7	安全规范	10	遵守相关安全规范	零件落地扣5分		
8	时间限制	10		超时1min扣1分，超过5min终止操作并扣10分		
9	合计	100				

指导老师签名：　　　　　　　　　　　　　　　　　　　　　　　　年　　月　　日

任务五　执行机构的认识与检测

任务分析

汽车上存在大量的执行机构，如电动汽油泵、喷油器、真空电磁阀、废气再循环装置、怠速空气控制阀、空调系统、点火器、炭罐电磁阀、风扇继电器、仪表显示器等。本任务就喷油器为例简单介绍执行元件的结构和检测。

教学目标

知识目标：了解汽车上存在哪些基本执行机构；掌握喷油器的典型结构和控制电路，熟练分析喷射器控制电路工作原理。

技能目标：学会使用万用表检测喷油器的电路以及使用示波器观察喷油脉冲。

情感目标：注意安全，勤于动手。

教学重点

用万用表检测喷油控制电路。

教学难点

决定喷油脉宽的因素。

[相关知识]

1. 喷油器的用途

喷油器可用于在恒压下定时喷油、定时断油，提高雾化质量，改善燃烧条件。喷油量由喷油脉宽控制，实际喷油量为

实际喷油量 = 基本喷油量 ± 修正喷油量 ± 额外喷油量

2. 喷油器的结构与控制电路

（1）喷油器的结构　轴针式喷油器的结构和外形如图 9-25、图 9-26 所示。喷油器体内有一个电磁线圈，喷油器头部的针阀与衔铁结合成一体。电控单元以电脉冲的形式向喷油器输出控制电流，当电控单元送来电流信号时，电磁线圈通电，产生电磁力，吸起铁心与针阀，将燃油通过精确设计的轴针头部环形间隙喷出，在喷油器头部前端将燃油粉碎雾化，与空气混合，在发动机进气行程中被吸入气缸。

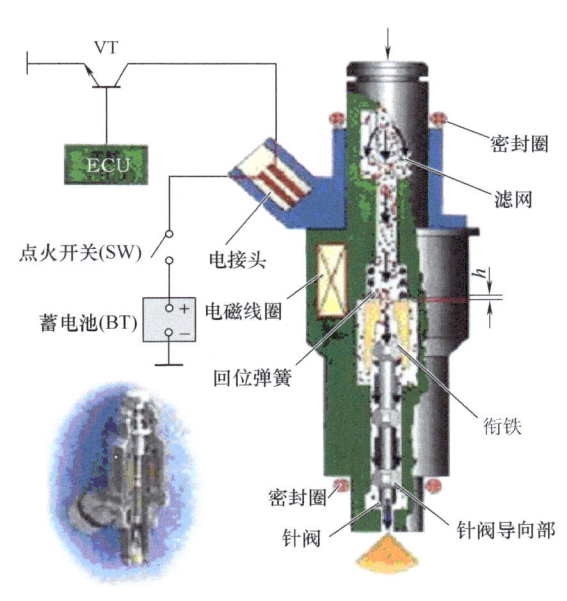

图 9-25　喷油器的结构

图 9-26　喷油器外形

(2) 喷油器的控制电路 喷油器的控制电路可以分为同时喷射、分组喷射和顺序喷射。这里以同时喷射为例介绍喷油器的控制电路。同时喷射多用于四缸机或备用系统。四个喷油器并联用一个大功率晶体管控制喷油，一个工作循环喷油两次，又叫作半油量喷射。同时喷射的控制电路如图9-27所示。

3. 喷油器的性能参数

喷油器是一次性使用元件，应弄清以下几个主要性能参数，即

1）当喷孔的断面、喷油压力一定时，喷油量的多少取决于喷油持续时间的长短，即电磁线圈中脉冲电流信号的宽度——喷油脉冲宽度（ms）。这是衡量喷油控制电路好坏的重要依据。

2）当脉冲电流宽度一定时，则喷孔的

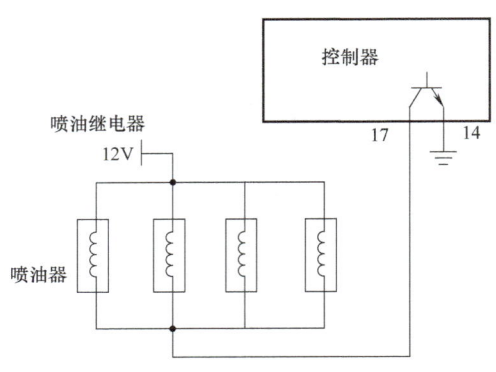

图9-27 喷射器控制电路

断面、喷油压力是决定喷油量多少的关键因素。这是清洗喷油器和更换汽油泵的重要依据。

3）喷油时脉冲宽度的大小，随发动机的工况（开度和转速）成正比变化，它是一个线性随机变量值。

一般喷油持续时间为1~20ms；稳定电压为2V；针阀的升程为0.15mm，电磁线圈的电阻值为3~15Ω。喷油量准确，雾化良好，噪声小，一般15s的喷油量为45~55mL；各缸的差值应小于5mL。

[任务实施]

1. 器材准备

数字万用表，示波器，时代超人发动机台架。

2. 注意事项

1）保证人员、万用表的安全。
2）保证万用表、示波器无损坏。
3）保证台架运行良好。
4）保持工作环境的整洁。
5）熟练掌握维护基本流程。

3. 喷油器检测

1）喷油器电磁线圈电阻的测量。

拔下喷油器的导线连接器，用万用表电阻档测量喷油器上两个接线端子间（电磁线圈）的电阻值，如图9-28所示。在20℃时，高电阻型喷油器的电阻值应为12~16Ω，低电阻型喷油器应为2~5Ω。如果电阻值不符，应更换喷油器。

2）喷油器的测试。

用连接线连接检查连接器的端子+B与FP，将蓄电池与喷油器连接好，如图9-29所示。通电15s，用量筒测出喷油器的喷油量，并观察燃油雾化情况。每个喷油器测试2~3次。标准喷油量为70~80cm^3（15s）。如果喷油量不合标准，则应清洗或更换喷

图 9-28　喷油器电阻测量

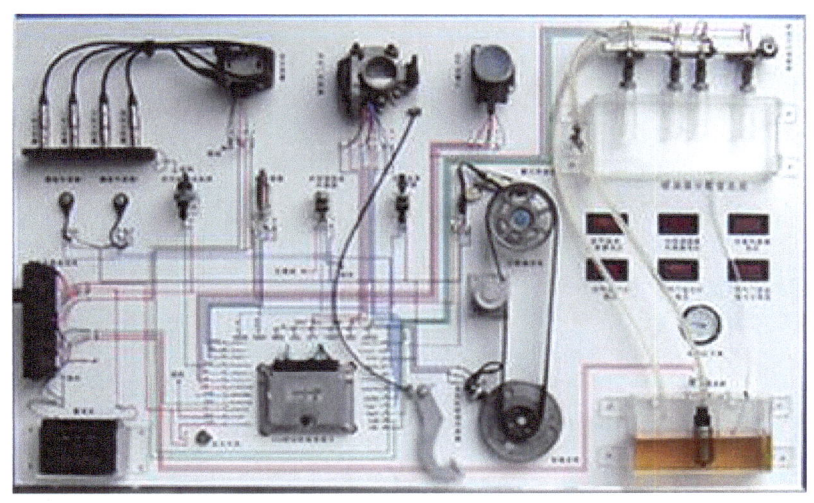

图 9-29　喷油器喷油量测试

油器。

3）喷油脉宽检测。

喷油脉宽检测界面如图 9-30 所示。

起动发动机，让发动机怠速运转 5s 以上，使发动机达到正常工作温度，即使发动机 ECU 对发动机混合气进行闭环控制。

关掉空调和所有附属电器，并置变速杆于停车位或空位，然后用故障检测仪调出此时的喷油脉宽（怠速喷油脉宽）。

4）由老师指导填写任务报告。

5）对场地进行清洁，将工具归位。

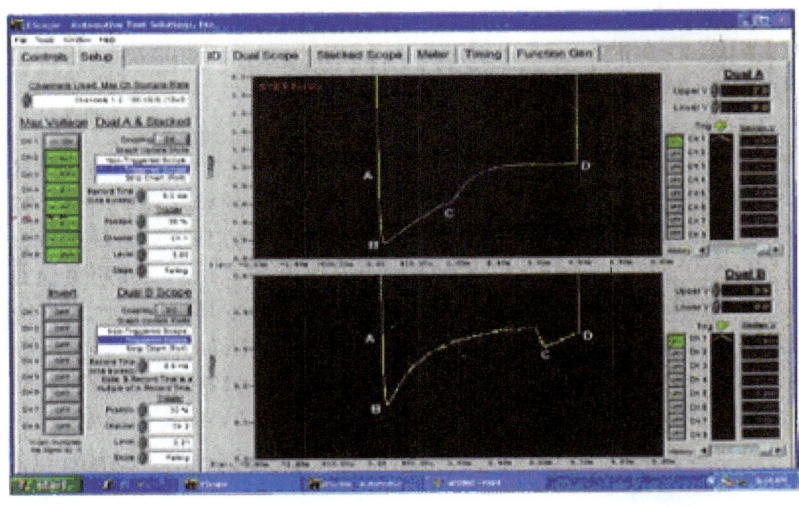

图 9-30　喷油脉宽检测界面

4．任务报告

姓名：　　　　　　　　　班级：　　　　　　　　　组号：

项　　目	操作要点及规范	完 成 情 况	结 果 说 明
1. 工作服整洁,无配饰、钥匙、手表和手机		□ 是　□ 否	
2. 万用表档位选择		□ 是　□ 否	
3. 万用表测量电路		□ 是　□ 否	
4. 万用表测量结果记录		□ 是　□ 否	
5. 示波器连接规范		□ 是　□ 否	
6. 示波器脉宽分析		□ 是　□ 否	
7. 填写工单		□ 是　□ 否	
8. 5S 工作		□ 是　□ 否	
9. 元器件无落地现象		□ 是　□ 否	
10. 遵守相关安全规范		□ 是　□ 否	
你遇到了什么困难？你怎样解决			
在本任务实施中需要注意哪些事项			
教师点评			
成绩		指导老师	

5. 学生作业评分表

开始时间： 　　　　结束时间： 　　　　学生姓名： 　　　　成绩：

序号	作业说明	配分	作业内容	评分标准	扣分	得分
1	穿戴个人防护用品及安全操作	5	正确穿戴个人防护用品	不按规定穿戴，每项扣0.5分，扣完为止		
		5	安全操作	出现安全事故扣5分（操作全过程中）；严重者指导老师有权终止其操作		
2	万用表档位选择	10	万用表的校正	未测试蜂鸣扣5分；表笔安装不当扣5分，扣完为止		
		10	档位选择	量程选择不当扣5分，扣完为止		
3	记录	10	万用表测量结果记录	忽略一步扣2分，扣完为止		
		10	写绘表	不准确扣5分		
4	示波器使用	10	示波器连接规范	不标准扣10分		
5		10	示波器脉宽分析	不标准扣5分		
6	作业	10	填写工单	漏1项扣2分		
7	安全规范	10	元器件无落地现象	零件落地扣2分/次		
			5S工作	不符合1项扣2分		
			遵守相关安全规范	不符合1项扣2分		
8	时间限制	10		超时1min扣1分，超过5min终止操作并扣10分		
9	合计	100				

指导老师签名： 　　　　　　　　　　　　　　　　　　　　　　　年　　月　　日

参 考 文 献

[1] 童诗白,华成英. 模拟电子技术基础 [M]. 4 版. 北京:高等教育出版社,2006.
[2] 邱关源. 电路 [M]. 4 版. 北京:高等教育出版社,1999.
[3] 王宝根. 汽车电工电子技术应用 [M]. 上海:复旦大学出版社,2008.
[4] 周建平. 汽车电气设备构造与维修 [M]. 北京:人民交通出版社,2005.